KB187410

부자가 보낸
편지

부자가 보낸 편지

돈보다 더 위대한 유산

혼다 켄 지음 | 권혜미 옮김

책/이/있/는/풍/경

기회는 작업복을 걸치고 찾아온
일감처럼 보이는 탓에
대부분 사람들이 놓쳐버린다.

토머스 에디슨
Thomas Edison

Contents

나는 엄청난 돈을 벌어 '재벌'이 되었지만, 내가 가진 모든 재산을 '장학재단'에 기부하기로 했다. 너희 아버지에게도, 손자인 너에게도 '재산'이라고 불릴 만한 것을 일절 남기지 않을 생각이다. 그 점을 용서하길 바란다.

　대신에 너에게는 '인생에서 가장 중요한 것'을 알려줄 생각이다.

　네 앞으로 '아홉 통의 편지'를 보낼 것이다.

　그 편지는 고아였던 내가 '억만장자'가 될 때까지, 즉 80년 인생에서 얻은 '삶의 교훈'이란다.

　내가 살면서 얻은 지혜는 물론이고 겪었던 시련까지 그 편지

안에 고스란히 담았단다.

'편지'의 내용을 몸에 익히면 돈, 명예, 인간관계, 행복한 가정 등 모든 것을 손에 넣을 수 있을거다.

필요한 순간에 편지를 순서대로 읽어보길 바란다.

너의 '직감'이 다음 편지를 읽을 타이밍을 알려줄 거다.

그 직감을 믿고 차례대로 편지를 읽어나가렴.

마지막으로, 너를 무척이나 사랑했다는 말을 전하고 싶구나.

재벌이었던 할아버지가 보낸 그 '편지'를 읽기 2주 전, 나는 한 통의 문자 메시지를 받았다.

"케이, 할아버지가 너에게 편지를 남겨주셨어. 변호사가 편지를 들고 도쿄로 간다고 했으니까 한번 만나봐."

늦은 오후 잠에서 깬 나(사토 케이)는 그 문자를 보고 정신이 번쩍 들었다.

그것은 인연을 끊은 아버지가 보낸 문자였다.

할아버지가 나에게 '편지'를 남겼다고? 도대체 무슨 편지지?

어젯밤 술을 마신 탓에 나는 머리가 깨질 듯이 아팠다.

대학생인 나는 첫 번째 '기말고사'를 무사히 치르고 친구들과 코가 삐뚤어지게 술을 마셨다. 이제 막 스무 살이 된 나는 공식적으로 '술'을 마실 수 있다는 사실에 그저 기쁠 따름이었다.

아버지의 문자를 읽고, 작년에 돌아가신 할아버지(사토 다이조)의 얼굴을 떠올렸다.

할아버지는 재벌이었지만, 돌아가시기 전에 '유학생을 위한 장학재단'에 자신의 전 재산을 기부했다. 그 장학재단은 할아버지가 설립한 재단이었다. 할아버지는 일에는 엄격했지만 손자인 나에게는 항상 따뜻한 미소를 보내는 분이셨다. 눈을 가늘게 뜨며 웃는 할아버지의 얼굴을 나는 매우 좋아했다.

할아버지가 돌아가신 지 벌써 6개월이 지났다.

어머니와 여동생을 제외하면, 나를 유일하게 이해해주는 사람은 할아버지뿐이었다. 그러나 할아버지가 위독하다는 소식을 듣고서도 나는 고향에 가지 않았다. 아버지와 만나고 싶지 않아서였다.

나는 할아버지의 마지막 모습을 보지 못한 게 아직도 마음의 빚으로 남아 있었다.

어쨌든 고향인 고베에는 돌아가고 싶지 않았다.

가족들을 만나면 돌아가신 어머니가 떠오를 게 분명했으니까……

몸이 불편해 침대에만 누워 있던 어머니, 아버지와의 갈등, 울기만 하는 여동생. 나는 그 모든 것에서 완전히 벗어나고 싶었다.

가족들만 없으면 고베라는 곳도 좋은 도시인데…….

아버지를 생각하면 가끔 참을 수 없는 분노가 치밀고는 한다. 그 분노는 어린 시절부터 나를 괴롭혀왔다.

가족에게 폭력을 휘두르지는 않았지만, 어쨌든 아버지는 나쁜 사람이었다. 그의 '무관심'이 내 가슴을 멍들게 했다. 아버지는 대학에서 진행하는 연구에만 관심이 있었다(그리고 그것은 지금도 바뀌지 않았다).

하지만 그런 아버지에게도 가족에 대한 애정이 전혀 없는 것은 아니었다. 그 점이 나를 더욱더 혼란스럽게 했지만, 어쨌든 아버지를 나쁜 사람으로 매도해야 내 마음이 편했다.

아버지는 대학 교수다. 연구실에서 매일 밤 쪽잠을 자는 아버지는 돈에는 전혀 관심이 없었다. 이전에는 지갑을 잃어버린 걸 3일 동안 모른 적도 있었다. 경찰서에서 연락이 온 후에야 지갑을 잃어버린 걸 안 이상한 사람이었다. 아버지는 여러 의미에서 세상과 동떨어진 사람이다.

아버지에 대해서는 또 하나 응어리가 있다. 아버지는 병에 걸린 어머니를 돌보지 않았다. 어머니는 힘든 투병 생활 속에서도 아버지에게 정신적인 도움을 일절 받지 못했다. 어머니를 병원에 모시고 간 사람도 나였다. 고통을 견딜 틈도 없이 어머니는 그렇게 돌아가셨다.

내가 세상에서 가장 좋아하는 사람은 바로 어머니였다. 그런 어머니에 대한 나의 복잡한 감정은 아직도 풀리지 않았다. 상처를 잠시 덮고 있을 뿐.

어머니의 장례식 때는 어떠한 감정도 느낄 수 없었고, 눈물 또한 나오지 않았다.

지금은 어머니가 돌아가신 지 3년이 지났다. 어머니를 떠올리며 눈물 흘릴 날이 나에게도 언젠가 반드시 찾아올 것이다.

장례식 이야기가 나와서 하는 말이지만, 나는 할아버지의 장례식에는 가지 않았다.

아버지와 얼굴을 마주하는 게 싫었고, 때마침 지독한 감기를 앓고 있기도 해서였다. 그래서 할아버지의 장례식이 치러지는 고베에는 가지 않았다. 어쩌면 '할아버지가 돌아가셨다는 사실'을 받아들이고 싶지 않아서였기 때문일지도 모른다.

크게 성공한 사업가인 만큼 성대한 장례식이 치러졌지만, 내가 아는 조문객은 별로 없었다고 했다.

그런 할아버지도 지금은 없다……

◆ ◆ ◆

약속된 고급 호텔 라운지에 도착하자 양복을 쫙 빼입은 노년의 변호사가 얼굴에 미소를 띠며 나에게 손을 흔들었다. 내가 다가가 자리에 앉자 그는 조용히 말하기 시작했다.

"나는 할아버지가 돌아가시기 며칠 전에 그가 입원한 병원에 찾아갔었어. 그때 할아버지는 아들보다 손자인 너를 더 걱정하셨지. '크게 될 사람은 내 아들이 아니라 손자 녀석이야.' 이렇게 말하며 웃으셨어. 너에게 기대를 많이 하신 모양이야. '손자에게 중요한 것을 가르쳐주고 싶은데, 그럴 시간이 없는 것 같아 가슴에 남는다'며 정말 안타까운 듯이 말씀하셨어. 그 가르침이 얼마나 중요한 것인지는 몰라도."

할아버지가 나를 그렇게 높이 평가했다고?

할아버지에게 가끔씩 고민을 털어놓던 내 모습이 떠올랐다.

도쿄에 있는 대학에 가고 싶다, 그리고 언젠가 꼭 해외에 나가보고 싶다고 내가 말하자 할아버지는 고개를 끄덕이며 "그거 좋은 생각이야. 꼭 해외에 나가보렴."이라고 웃으며 말해줬었다.

변호사는 할아버지의 이야기를 한 후 서류가방에서 커다란 봉투를 꺼냈다. 할아버지가 손자에게 건네주라고 지시한 것 같았다. 내가 봉투를 받아 들고 사인을 하자 그는 계산서를 들고 카운터로 향했다.

그 '커다란 봉투'는 얼마간 우리 집 냉장고 위에 고스란히 놓여 있었다. 그 안에 적힌 내용이 궁금했지만, 봉투를 열어보지는 않았다.

그러고 나서 2주 동안, 기말고사 공부를 했고 동아리 친구들과 술을 마시고 아르바이트를 하면서 시간을 보냈다.

몇 번이나 봉투를 열어보려고 했지만 왜인지 용기가 나지 않았다.

봉투를 열면 '판도라의 상자'처럼 모든 것이 제자리로 돌아갈 것만 같아 두려웠다.

결국 지금은 모든 것이 '제자리'를 찾았지만⋯⋯.

내가 봉투를 열 수 있게 도와준 사람은 여자친구 에미였다.

에미와 사귄 지는 6개월 정도 되었다. 그녀의 큰 눈과 귀여운 모습에 반해 내가 먼저 사귀자고 고백했었다. 그러나 지금은 '결혼'할 생각이 전혀 없다.

하지만 최근에 에미는 종종 결혼에 대해 에둘러 말하고는 했다.

"청춘을 즐기는 것도 좋지만, 첫사랑과 결혼하는 것도 좋지 않을까?"라면서.

에미는 가끔 날카로운 지적을 할 때도 있었다. 그럴 때면 그녀의 말 한마디에 정신이 '번쩍' 들고는 했다. 그 의미에서 보면 '지적'이 조금은 고마운 존재이기도 했다.

이번 일도 마찬가지였다.

냉장고 위에 놓인 봉투에 대해 에미가 물었고, 나는 하는 수 없이 할아버지와 변호사의 일을 그녀에게 털어놓았다.

그러자 에미는 갑자기 흥분하기 시작하면서 이렇게 말했다.

"케이, 봉투를 열어봤어야지. 그건 할아버지가 너에게 주신 메시지잖아. 봉투를 열어보지 않으면 아무것도 시작할 수 없다고. 용기를 가지고 지금 열어봐. 내가 도와줄게!"

그 어느 때보다 강력한 그녀의 말투가 조금은 거슬렸지만, 에미의 '지적'은 이번에도 유효했다.

확실히 봉투를 열어보지 않았다면 아무것도 시작할 수 없었을 것이다.

두근거리는 마음으로 봉투를 열어보니, 편지지 안에는 할아버지의 글씨가 빼곡히 적혀 있었다. 마음 탓인지 필체가 힘없이 느껴졌다.

최초의
편지

네가 이 편지를 읽을 때쯤이면 난 아마 이 세상에 없을 것이다.

그러나 내 죽음을 슬퍼할 필요는 없단다.

너와 직접 만나 대화하면 좋겠지만, 나에게는 그럴 만한 시간이 없는 것 같구나.

너에게 전하고 싶은 말을 이 '편지'에 적어놓겠다.

나는 엄청난 돈을 벌어 '재벌'이 되었지만, 내가 가진 모든 재산을 '장학재단'에 기부하기로 했다. 너희 아버지에게도, 손자인너에게도 '재산'이라고 불릴 만한 것을 일절 남기지 않을 생각이다. 그 점을 용서하길 바란다.

대신에 너에게는 '인생에서 가장 중요한 것'을 알려줄 생각이다.

사실 네가 대학생이 되면 많은 것을 직접 가르쳐주고 싶었지만, 몸이 좋지 않아 순서가 어긋났구나.

인생이란 이렇듯 원래 생각대로 되지 않는 거란다.

인생에는 많은 '고비'가 있단다. 앞으로 네 인생에는 연애, 취업, 전직, 창업, 결혼, 출산, 자녀양육, 질병, 간호 등 기쁨과 슬픔이 번갈아 찾아올 거다.

가능하면 그러한 것을 경험하는 네 모습을 지켜보면서 직접 조언해주고 싶었지만, 나에게는 그럴 만한 시간이 없을 것 같구나.

이 '편지'로 조언을 대신하마.

네 앞으로 '아홉 통의 편지'를 보낼 것이다.

그 편지는 고아였던 내가 '억만장자'가 될 때까지, 즉 80년 인생에서 얻은 '삶의 교훈'이란다.

내가 살면서 얻은 지혜는 물론이고 겪었던 시련까지 그 편지 안에 고스란히 담았단다.

'편지'의 내용을 몸에 익히면 돈, 명예, 인간관계, 행복한 가정 등 모든 것을 손에 넣을 수 있을 거다.

필요한 순간에 편지를 순서대로 읽어보길 바란다.

너의 '직감'이 다음 편지를 읽을 타이밍을 알려줄 거다.

그 직감을 믿고 차례대로 편지를 읽어나가렴.

마지막으로, 너를 무척이나 사랑했다는 말을 전하고 싶구나.

얼굴을 보고 말할 수 없어 미안하구나. 이 할아버지를 용서하렴.

그리고 멋진 인생을 살길 바란다.

그럼 〈첫 번째 편지〉를 읽어봐라.

행운을 빈다!

나는 편지를 다 읽고 난 후 깊게 '후' 하고 심호흡을 했다.

엄청난 편지였다. 손이 떨릴 정도로.

생전의 할아버지의 다양한 표정들이 떠올랐다.

마음을 가라앉히고 보니 갈색 봉투 안에는 '9개의 작은 봉투'가 들어 있었다.

각각의 봉투에는 〈1: 우연〉, 〈2: 결단〉, 〈3: 직감〉, 〈4: 행동〉, 〈5: 돈〉, 〈6: 일〉, 〈7: 실패〉, 〈8: 인간관계〉, 〈9: 운명〉이라고 연필로 쓰여 있었다. 꽤 두꺼운 걸로 봐서, 안에는 몇 장의 종이가 들어 있는 것 같았다.

에미는 내가 편지를 다 읽을 때까지 조용히 기다려주었다. 그런 다음 양손으로 감싸 안듯이 편지를 받아 들고는 긴장된 표정으로 그것을 읽기 시작했다. 편지를 읽는 도중에 감동스러운 표정으로 몇 번이나 고개를 끄덕이면서 글자를 읽어 내려갔다.

그녀가 옆에서 편지를 읽고 있는 동안, 나는 머리뿐만 아니라 온몸으로 전해지는 뜨거운 무언가를 느꼈다.

무언가 대단한 일이 일어날 것만 같았다.

가슴이 두근거려 숨 쉬는 것조차 힘들었다.

편지를 끝까지 다 읽은 에미는 나를 쳐다보며 고개를 끄덕였다.

그녀도 나와 같은 기분이었을 것이다.

두근거리는 마음으로 〈첫 번째 편지〉를 집어 들었다.

봉투를 열자 할아버지의 글씨가 보였다.

Part 01

첫 번째
편지:

우연 synchronicity

우선 너에게 해둘 말이 있다.

'이 세상에 우연이라는 것은 존재하지 않는다.'

그러면 우선 우연에 대해 설명해보마.

이전에도 너에게 '우연'에 대해 이야기한 적이 있었단다.

가족 다 같이 로코산 목장에 갔을 때였지.

그때 나는 우연에 우연이 겹쳐 15세 때 내가 상하이로 가게 된 이야기를 너에게 해주었단다.

너는 그 이야기가 재밌었는지 내가 그곳에 가게 된 경위에 대해 여러 번 물었었지. 네가 초등학생 때였으니까 벌써 10년 전

일이로구나. 혹시 그때를 기억하니?

너는 지금 너에게 일어나는 모든 일들이 우연 같겠지만, 나중에 큰 시점으로 바라보면 '이미 예정된 일'처럼 느껴질 때가 올 거란다.

내가 중국의 상하이로 가겠다고 '결심'했을 때가 바로 그랬었지.

상하이에서 막 귀국한 지인과 우연히 길에서 만난다거나, 선배와 함께 간 중식당에서는 상하이로 떠나는 회사원들이 송별회를 열고 있다거나. 어쨌든 '상하이'라는 우연이 겹쳤었지.

그때 당시 나는 도쿄로 상경할지 상하이로 떠날지 아직 결정하지 못했었단다. 그러던 어느 날 신문 일면에 쓰인 '상하이'라는 글자가 눈에 들어왔지.

그것을 보고 순간 기분이 후련해지더구나. 웃음이 나올 정도로 말이야.

그래서 나는 상하이로 가기로 결심했단다.

그때 나는 상하이로 떠나 타국에서 몇 년 지낸 덕분에 다양한 경험을 할 수 있었고, 그 경험 덕에 지금 나에게는 전 세계에 '믿을 만한 친구'가 많이 있단다. 그건 매우 유쾌한 일이야.

이것은 하나의 예에 불과하단다.

당시에는 잘 알지 못하지만 나중에 뒤돌아보면 우연이라는 작은 '점'은 '선'으로, 그리고 그 '선'은 '면'으로 보이게 된단다.

게다가 내 나이가 되면 '면'은 '입체'로 보이게 되고, '인생은 우연이라는 작은 점이 모여 완성된다'는 사실을 깨닫게 되지.

마치 인생의 진리처럼 말이야.

이렇게 많은 우연을 경험한 끝에 나는 '이 세상에 우연은 없다'고 생각하게 되었단다.

'단순히 우연'이라고 넘겨짚기에는 도저히 이해할 수 없는 일들이 80년 동안 몇 번이나 일어났기 때문이지.

이렇듯 인생이란 우연이 겹쳐서 완성되는 거란다.

그것은 마치 '태피스트리(tapestry, 여러 가지 색실로 그림을 짜 넣은 직물 공예-옮긴이)'와도 같아. 여러 가지 선들은 가까이에서 보면 아무 관계 없는 것처럼 보이지만, 멀리서 보면 서로 연결된 한 장의 아름다운 '작품'이 되지.

지금은 실감하지 못할 테지만, 우리도 어떠한 '인연'으로 연결되어 있단다.

그러면 '인연'이란 무엇일까.

우리는 학교에서 옆자리에 앉은 사람과 친구가 되거나, 같은 동아리에 가입한 사람과 친구가 되고는 하지. 또한 직장에서 동료나 상사, 부하직원을 만나기도 해. 그 모든 만남은 어떠한 '인연' 때문이란다.

이전부터 알고 지낸 오랜 친구도, 오늘 처음 만난 사람도, 커피숍에서 우연히 옆자리에 앉은 사람도 모두 어떠한 '인연' 때문에 만난 거라고 할 수 있지.

이렇게 내가 노력하지 않아도 얻어지는 '인연'은 실제로 많이 있단다. 이것은 어떤 의미에서 보면 '인간의 힘을 뛰어넘은 만남'이라고도 할 수 있어. 그 힘이 너에게 다가와 '인연'을 만들어 주는 거란다.

그 힘을 '신'이라고 부르는 사람도 있고 '운명'이라고 부르는 사람도 있어.

어쨌든 '우연이라고는 설명할 수 없는 만남'이 네 인생을 바꿔줄 거야.

그 신비한 힘을 알면 너는 매일을 즐겁게 살아갈 수 있을 거란다.

즉 인생을 믿게 되는 거지.

그 힘을 알면 네 인생에도 멋진 시나리오가 준비되어 있다는 사실을 깨닫게 되고, 안심할 수 있게 될 거란다.

그러면 모든 일에 의미를 부여할 수 있게 되고, 눈앞에 있는 일에 일일이 반응하는 일은 줄어들 거다.

살아가다 보면 일이 생각대로 풀리지 않아 그 자리에 주저앉고 싶을 때가 있단다.

또한 '최악'이라고 생각되는 일이 나중에는 '행운'으로 바뀌기도 하지. 이렇듯 긴 시야로 내다보면 인생의 균형을 맞출 수 있게 된단다.

이 사실을 꼭 기억해두었으면 한다.

인생에서 일어나는 모든 일에는 의미가 있다. 그리고 그 일은 나를 행복하게 해주기 위해 일어난다.

지금은 죽을 만큼 힘든 일이라도, 그 일은 언젠가 너에게 기쁨을 안겨다줄 거다. 그러면 무엇을 걱정할 필요가 있겠니?

이것은 네가 경험을 통해 깨달아야 해.

많은 일을 경험하다 보면 반드시 알 수 있게 될 거다.

그러면 사람은 '우연을 가장한 필연'을 어떻게 발견해야 될까.

'우연을 가장한 필연'을 영어로는 '싱크로니시티(Synchronicity)'라고 부른단다.

전철을 늦게 탄 덕분에 옛 동창을 만날 수 있었고 그 '우연'을 계기로 전직했다. 레스토랑에서 학창시절의 선배와 우연히 만났고 나중에 함께 창업을 하게 됐다. 그러한 일은 일상적으로 많이 일어나지.

특히 성공하는 사람들은 '우연을 가장한 필연'을 잘 잡는단다.

평소라면 그냥 지나칠 일이지만, 직감적으로 '느낌'이 왔을 때는 잘 살펴보는 게 좋아.

'싱크로니시티'를 발견하는 방법은 아주 간단해. 이를테면 커피숍에 갔을 때 아는 사람이 없는지 주변을 둘러보는 행동도 '싱크로니시티'를 발견하는 방법 중의 하나야.

전철을 탔을 때, 영화관이나 콘서트장에 갔을 때, 횡단보도를 건널 때 '아는 얼굴'이 없는지 잠깐 둘러보렴.

오랜만에 친구에게 전화를 거는 것도 좋고, 평소에 잘 가지 않는 곳을 가는 것도 좋아. 길에서 우연히 친구를 만났다면 같이 식사를 하거나 가볍게 커피 한잔을 하는 것도 좋아.

또한 병원이나 미용실 대기실에서 평소에 잘 읽지 않는 잡지를 읽어보거나, 커피숍이나 전철에서 옆자리에 앉은 사람에게 말을 걸어보는 것도 좋단다.

이렇게 평소보다 조금 더 적극적으로 움직이면 '운명의 여신'이 장난스럽게 우연을 가장한 필연을 만들어줄 거다.

네가 무언가에 대해 정말 알고 싶을 때, 그때는 '운명의 여신'이 두세 번 연속해서 우연을 일으켜줄 거야.

그러면 너는 원하는 정보를 절묘한 순간에 얻을 수 있게 될 거란다.

꼭 운명의 여신을 깨워보길 바란다. 그러면 우연은 '보물찾기 게임'처럼 흥분되는 일로 바뀔 거다.

혹시 롤링 스톤스라는 영국의 록 밴드를 알고 있니? 전 세계에서 앨범을 2억 장이나 판매한 전설적인 밴드란다.

롤링 스톤스의 멤버인 믹 재거와 키스 리처즈는 어렸을 때 같은 초등학교를 다닌 친구였지. 그러나 초등학교를 졸업한 후 믹 재거의 가족이 멀리 이사해 두 친구는 소식도 모른 채 떨어져 지냈다는구나.

그 후 믹 재거는 런던의 명문대학에 진학했고, 키스 리처즈는 전문대학에 들어갔지.

그러던 어느 날, 런던의 한 지하철역 앞에서 두 사람은 재회했다고 하는구나. 믹 재거가 겨드랑이에 낀 '몇 장의 레코드판'이 키스 리처즈의 눈에 들어왔고, 키스 리처즈는 믹 재거에게 말을 걸었지.

재회한 두 사람은 의기투합해서 그다음 해에 '롤링 스톤스'를 결성했어. 그 후의 업적은 네가 알고 있는 그대로야.

어떻니? 믹 재거와 키스 리처즈는 '우연'을 활용해 전 세계적으로 큰 성공을 거두었어.[1]

이렇듯 '싱크로니시티'를 기회로 바꾸는 사람과 그렇지 않은 사람의 차이는 실제로 매우 크단다.

'우연의 마법'은 누구나 일으킬 수 있어. 하지만 '우연의 마법'을 일으키지 않으면 인생은 허무하게 끝날지도 모르지.

조금 어려운 이야기일지도 모르겠지만, 인생에서 일어나는 우연을 반드시 필연으로 잡길 바란다.

'인생에서 일어나는 모든 일에는 의미가 있고, 그 일은 너를 반드시 행복하게 만들어준다.'

이 이야기를 〈첫 번째 편지〉에서 전하고 싶었다.

그러면 앞으로는 세계 각지에 있는 내 친구들을 만나 인생에 대해 조금 더 배워보렴.

그들은 내 젊은 시절을 공유한 사람들이니 나 대신에 너를 훌륭한 길로 인도해줄 거다.

그 친구들은 모두 훌륭한 사람들이야. 내 친구라는 사실이 매우 자랑스러울 정도지.

그들을 만나면 이 말을 꼭 전해주렴. '죽기 전까지(아니, 죽어서도) 감사했다'고 말이야.

그럼 〈첫 번째 편지〉는 여기서 마치겠다. 생각보다 긴 편지가 되었구나.

'직감'을 의식하면서 '우연은 필연이다' 생각하며 살길 바란다.

너에게는 곧 〈두 번째 편지〉를 읽을 순간이 찾아올 거야.

마지막으로 한 번 더 말해두겠다.

'이 세상에 우연으로 일어나는 일은 없고, 우연으로 만나는

사람도 없다.'

앞으로는 모든 일을 '직감'으로 선택하길 바란다.

행운을 빌겠다!

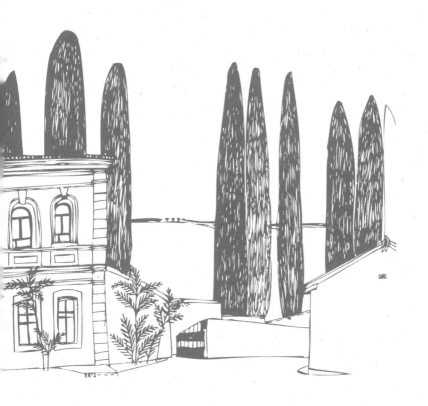

할아버지가 보낸 첫 번째 편지를 읽고 난 후, 나와 에미는 마음이 편안해졌다.

긴 침묵 후에 우리는 편지 내용에 대해 이야기하기 시작했다.

에미는 "편지에 쓰인 우연을 찾아가 봤으면 해. 내가 진심으로 응원해줄게."라고 말한 후 조금은 쓸쓸한 표정을 지으며 돌아갔다.

혼자 남은 나는 편지 내용에 대해 생각했다.

'우연과 직감을 활용하면 인생이 달라진다.' 이게 무슨 의미일까?

확실히 TV에는 우연을 잡아 '성공한 사람들'의 이야기가 많이 나온다.

이전에 어느 잡지에서 성공한 사업가의 기사를 읽은 적이 있었다.

'비행기에서 우연히 옆자리에 앉은 사람과 의기투합해 함께 가게를 열었다. 그것이 지금 직원 몇 백 명을 둔 회사로 성장했다'는 성공담이었다. 그는 "기회가 없다고 불평하면 아무 일도 일어나지 않는다"고 말했다.

나는 얼마 전에 독일어 수업에서 독일 철학자인 쇼펜하우어의 명언을 배웠다.

"운명의 카드는 내가 뽑는다."

할아버지도 그런 마음으로 살았을까?

나는 지금 '인생의 전환점' 앞에 서 있다. 이것은 틀림없는 사실이었다.

이대로 학교를 다니며 흘러가는 대로 적당히 취직하기는 싫었다.

고아에서 재벌이 된 '할아버지의 인생'을 조금 더 알면, 내 인생의 길이 보일 것만 같았다.

그렇게 생각하는 동안 어느새 나는 잠이 들어버렸다.

◆ ◆ ◆

다음 날 나는 학교로 향했다. 시험이 끝난 캠퍼스는 평소보다 한산했다.

캠퍼스 안에 있는 학생들은 모두 들뜬 표정으로 여유를 즐기고 있었다. 농담을 하면서 큰 소리로 웃는 학생, 콧노래를 부르는 학생, 큰 소리로 연극 연습을 하는 학생들이 한가롭게 오후 시간을 즐기고 있었다.

"간사이 지방으로 가는 비행기 티켓, 지금 30프로 세일합니다."

한 아르바이트 학생이 지나가는 사람들에게 전단지를 나눠주고 있었다.

설마.

평소라면 그냥 지나쳤을 테지만, 나는 건네받은 전단지를 보고 조금 이상한 기분이 들었다. 이 장난 같은 기분은 뭐지. 이 우연이 인생을 열어줄지도 몰라. 이것이 '우연과 직감을 활용'하는 방법일까?

이것은 '고베로 돌아가 변호사를 만나라는 할아버지의 지시'일지도 몰랐다.

이유는 설명할 수 없지만, 일단 가보기로 했다.

나는 전단지에 적힌 지도를 보고 여행사를 찾아갔다.

문을 열자 좁은 매장 안에는 봄방학에 맞춰 여행을 떠나려는 학생들로 붐볐다. 그들은 모두 '저가 항공'을 찾고 있는 것 같았다.

어떻게 해야 할지 조금 망설이고 있는데, 뒤에서 큰 벨소리가 울렸다.

"타임 세일!! 내일 오후 항공권 취소가 나왔습니다. 홋카이도의 오타루로 가실 손님, 선착순 두 명 반값입니다. 반값!!"

반값이라는 말에 반사적으로 몸이 움직인 나는 생각지도 않게 "오타루로 가실 분!"이라고 외친 직원의 자리로 다가갔다.

그러나 나보다 먼저 온 사람이 있었다. 그 사람의 사투리를 듣고 간사이 사람이라는 것을 알 수 있었다. 간사이 사람도 반값이라는 말에 몸이 반응한 걸까?

항공권 수속이 끝난 후 나는 한 가지 의문이 들었다.

반값이라는 말에 이끌려 항공권을 구입하기는 했지만, 내가 오타루에 갈 필요가 있을까?

오타루에 사는 지인이 없는지 생각하고 있을 때 문득 한 사람이 떠올랐다.

매년 홋카이도에서 할아버지 집에 '게'를 보내준 사람이 있었다. 그 사람은 할아버지의 오랜 부하직원으로, 확실히 오타루에 살고 있었다.

그 사람의 이름도 떠올랐다.

"매년 우리 집에 게를 보내주는 사람, 이름 뭔지 알아? 사루타 씨야. 원숭이가 게를 보내다니. 조금 웃기지 않아? 동화 〈원숭이와 게의 전쟁〉 같아서 재밌네."라고 할머니가 말해서 다 같이 웃은 기억이 떠올랐다('사루(さる)'는 '원숭이'를 뜻한다.-옮긴이).

어쨌든 오타루에 가야 할 이유를 알게 됐다. 할아버지를 잘 아는 사루타 씨에게 가서 젊은 시절 할아버지의 이야기를 듣고 싶었다.

그렇다면 바로 행동 개시다. 오타루로 가자!

평소 같으면 꾸물거리고 망설였을 테지만, 이번에는 왜인지 바로 행동으로 옮길 수 있었다.

이 행동력에 가장 놀란 사람은 바로 나 자신이었다. 나도 하면 할 수 있다!

고베 집에 있는 여동생에게 물어 사루타 씨의 연락처를 알아냈다.

그곳으로 바로 전화해 내가 사토 다이조의 손자라는 것, 그리고 내일 갑자기 오타루로 가게 되었다는 소식을 알렸다.

사루타 씨는 갑작스런 내 전화에 조금 놀란 눈치였지만, 내 얼굴을 보고 싶다고 유쾌하게 말해주었다.

이것이 '우연을 활용하는 방법'일까?

어쨌든 나는 오타루로 가기로 했다.

비행기 안에서 할아버지가 보낸 첫 번째 편지를 다시 읽었다.

원래 간사이로 가려고 했지만, 결국은 홋카이도의 오타루로 가게 됐다.

반값 항공권에 어떤 의미가 있을까.

분명 엄청난 일이 일어날 것 같았다. 아니, 엄청난 일이 일어날 거라고 믿고 싶었다.

오타루에 도착하자 비로소 알게 되었다.

'이것저것 생각해봤자 어차피 불안은 끊이지 않는다.'

앞으로 어떻게 해야 좋을지 조언을 얻고 싶었다.

그래, 지금이 〈두 번째 편지〉를 읽을 차례다!

나는 지푸라기라도 잡는 심정으로 〈두 번째 편지〉를 펼쳤다.

Part 02

두 번째

편지:

결단 Decision

네가 〈두 번째 편지〉를 펼쳤다는 것은 너에게도 무언가 결정해야 할 타이밍이 왔다는 뜻이겠구나.

"성공하려면 무엇이 필요합니까?" 나는 이런 질문을 자주 들었단다.

그럴 때마다 나는 '결단'이라고 대답했지.

그 이유는 결단을 내리지 않으면 아무것도 시작되지 않기 때문이야.

진학, 취업, 전직, 결혼, 독립처럼 인생의 중요한 결정은 뒤로 미루지 않는 게 좋아.

왜냐하면 결단을 뒤로 미루면 당장은 평온한 생활을 할 수 있을지 몰라도 가슴 뛰는 인생은 살 수 없기 때문이지.

중요한 이야기니까 다시 한번 말하겠다.

'모든 일은 결단을 내린 순간 시작된다.'

결단에는 재능도, 돈도, 시간도 전혀 필요 없단다.

믿지 못하겠지만 '결단을 내린 순간 미래는 탄생한다'.

결단을 내린 순간 현재와 미래가 접속하는 회로가 생긴다고 말할 수 있어.

그 미래는 시간이 지나면서 네가 있는 곳으로 다가올 거다.

반대로 결단을 내리지 못하면 네 인생에는 그 어떤 일도 일어나지 않을 거야.

만약 그렇다면 인생은 딱 결단을 내린 만큼 재밌어지겠지.

그러니까 일, 사는 곳, 배우자라는 중요한 일부터 시작해 레스토랑의 메뉴나 휴가지처럼 지극히 평범한 일까지 적극적으로 '결정하는 버릇'을 들이길 바란다.

처음에는 단순히 호기심을 가지는 것만으로도 좋아.

무언가를 하자고 결심하는 것만으로도 '미래의 문'이 열리거든.

이 세상에는 네가 상상하는 것보다 훨씬 멋진 세계가 존재한단다.

내 인생은 재미있는 우연과 놀라움의 연속이었어. 그 놀라움이란 네가 상상하기 어려울 정도란다.

내 인생에는 왜 그런 우연과 놀라움이 일어났을까? 그건 내가 항상 적극적으로 '결단'을 내렸기 때문이란다.

'결단은 새로운 미래를 만들어낸다.' 이 말을 꼭 기억하길 바란다.

결단을 내리지 않으면 현실로 일어나는 일은 아무것도 없을 거다.

너는 많은 일을 스스로 결정하는 사람이 되었으면 하는구나. 스스로 결정해서 인생을 적극적으로 만드는 그런 사람이 되었으면 한다.

그리고 결정에 어느 정도 익숙해지면 너는 '한 단계 위의 결단'을 내리고 싶어질 거다. 그 '한 단계 위의 결단'이 무엇인지 설명하마.

대부분의 사람들은 현재 상황을 '평면'으로만 본다. 평면 위를 달리는 전철 안에서 어느 방향으로 갈지만 생각하는 거지.

이를테면 하나의 선로가 '어느 분기점'에서 다섯 갈래로 나뉜다고 해보자.

그 다섯 갈래 길 중에 무엇을 선택해도 그 미래는 '네가 상상하는 미래'가 될 거야.

이렇듯 평면에만 있으면 어느 것을 선택해도 '상상을 뛰어넘는 미래'는 볼 수 없단다.

즉 평면상에서 오른쪽으로 갈지 왼쪽으로 갈지 선택하는 것이 아니라, 조금 더 높은 곳으로 올라가 결단을 내려야 해. 이렇게 조금 더 높은 곳으로 올라가 결단을 내리면 너는 지금과는 전혀 다른 세계로 도약할 수 있단다.

조금 더 높은 곳으로 올라가면 지금까지 보이지 않았던 '새로운 미래'가 보일 거다. 그 새로운 미래는 '미지의 세계'라고 말해도 좋아.

회사의 평사원이었던 사람은 '임원'이 되면 완전히 다른 세계를 보게 된단다. 마찬가지로 회사원도 독립해서 사장이 되면 지금까지와는 전혀 다른 세계를 보게 되지.

이것이 인생을 바꾸는 '차원 상승'이라는 거다. 성공하는 사람은 모두 이렇게 '인생의 무대를 바꾸는 도약'을 반복적으로 경험한단다.

'차원 상승'은 인생을 즐겁게 살기 위한 필수 조건이야.

로저 배니스터라는 영국의 육상선수를 알고 있니?

한때 육상선수가 1마일(1,609미터)을 4분 안에 뛰는 것은 불가능하다고 생각했던 시대가 있었단다. 그런 시대인 1954년에 로저 배니스터는 인류 최초로 1마일에 3분 59.4초라는 기록을 세웠지.

그러나 이야기는 여기서 끝나지 않아. 어떻게 된 일인지 로

저 배니스터가 기록을 세운 후 1년 동안 23명의 선수가 1마일을 4분 안에 뛰는 기록을 세웠단다.[2]

이것이 무엇을 의미하는지 알겠니?

즉 '불가능하다고 생각하면 미래는 없고, 가능하다고 생각해야 미래가 있다'는 뜻이야.

로저 배니스터의 이야기는 '가능하다고 믿고 결정을 내려야 미래가 다가온다'는 것을 증명해주지. 미래는 이렇게 완성되는 거란다.

내가 이렇게 말하면 "그래도 무엇을 어떻게 결정해야 할지 모르겠는데요?"라고 질문하는 사람도 있어.

지금까지 그 질문을 수없이 많이 들었기 때문에 그것에 대해서도 조언하겠다.

현시점에서 무엇을 어떻게 결정해야 할지 모르겠다면 '최고의 미래를 손에 넣는 결정'을 하면 돼.

지금은 어떠한 결정이 최고의 미래를 손에 넣는 결정인지 구체적으로 잘 몰라도 좋아.

다만 네가 원하는 '최고의 인생'을 꾸준히 생각하렴. 그 최고의 인생이 결정되면 상상력을 발휘해 가장 좋은 인간관계, 가장 좋은 배우자나 가장 좋은 친구, 가장 좋은 공부, 가장 좋은 일, 가장 좋은 경제상황 등을 그려보렴.

이렇게 지금의 연장선상이 아니라 '완전히 다른 차원의 미래'

를 그려보는 거야.

그러면 감각이 바뀌고 매일의 행동이 바뀔 거다.

즉 '최고의 미래'가 조금씩 너를 향해 다가오는 거지.

그러면 평범한 사람들은 모두 어떤 선택을 할까?

모두 눈앞에 있는 선택지 중에 '최고'가 아니라 '비교적 나은 일'을 선택하려고 해. 그것이 안전하기 때문이야. 하지만 그 안전에는 커다란 함정이 숨어 있단다.

이를테면 평범한 사람들은 지금 성적으로 갈 수 있는 대학교를 선택하고, 취업을 할 때도 자신을 받아줄 것 같은 기업에 이력서를 내지.

이렇게 좋아 보이는 것(비교적 나은 것)을 선택하는 한 가슴 뛰는 인생은 살 수 없단다.

왜냐하면 그 선택지에는 '꼭 하고 싶은 것'이 빠져 있기 때문이야.

비교적 나은 선택지에는 '최고의 미래'가 없다고 할 수 있지.

최고의 미래는 항상 더 높은 차원에 있단다.

대부분의 사람들은 최고의 미래를 찾기보다는 눈앞의 안정을 찾아. 실패가 두려워 처음부터 꿈을 낮추는 거야. 하지만 꿈을 낮춘다고 해도 그 꿈이 반드시 이루어지는 것은 아니란다.

실망하기 싫어서 최고의 미래를 찾지 않는다, 이것처럼 손해

보는 인생도 없을 거야.

따라서 아무 결정도 행동도 하지 않는 인생이 가장 위험한 인생이란다.

'미래가 클수록 불안도 커진다.'

정말 멋진 말이라고 생각하지 않니?

그렇기 때문에 너는 '결정하는 것'과 '인생을 믿는 것'을 동시에 연습하렴. '어떠한 일이 있어도 행복한 결과를 맺겠다'는 감각을 몸에 꼭 익히길 바란다.

이것은 즐거운 인생에 꼭 필요한 마음가짐이야. 적어도 나는 그렇게 생각한단다.

그리고 마지막으로 중요한 것 또 하나.

'결정한 것은 종이에 적어야 실현된다.'

'중요한 결정'에 대해서는 특히 그렇단다.

알겠지? 무언가를 결정했다면 그것을 꼭 종이에 적어라.

그러면 스스로도 깜짝 놀랄 정도로 재미있는 인생이 펼쳐질 거야.

그렇다면 지금 이 편지를 읽고 있는 너는 무엇을 결정하면 좋을까?

그것과 진지하게 마주하렴.

어느 철학자가 이런 말을 했단다.

'인생을 한순간에 바꿀 수는 없지만, 나아가는 방향은 한순간에 바꿀 수 있다.'

지금 결단을 내려라.

그리고 최고의 인생을 살아가라!

결단을 내리면 분명 무언가가 일어날 거다.

행운을 빈다.

찌릿 하고 온몸에 전율이 흘렀다.

편지에서 할아버지의 체온이 느껴졌다.

자상함과 엄격함이 충격파처럼 동시에 전해졌다.

수십 년 전 부하직원들이 할아버지에게 배운 것처럼 나도 지금 할아버지에게 인생을 배우고 있었다.

할아버지에게 직접 배울 수는 없지만 편지를 통해 배우고 있는 것이다. 그리고 할아버지는 먼 곳에서 나를 응원해주고 있다. 그렇게 생각하자 매우 힘이 났다.

할아버지, 고마워요!

무엇보다 나는 '최고의 인생을 살아가는 비밀'이 알고 싶어졌다.

그 비밀을 알기 위해서는 할아버지가 어떤 사람이었는지, 무엇을 했는지를 조금 더 알 필요가 있었다.

그래야 내가 앞으로 무엇을 어떻게 해야 할지 보일 것만 같았다.

얼마 전까지는 우물쭈물 망설이며 고민했지만, 더 이상 고민해서는 안 되었다.

좋아, 결정하자. 아니, 결정했어!

나만이 할 수 있는 최고의 인생을 살아가자!

나는 할아버지가 말한 대로 공책을 꺼내 '나만이 할 수 있는 최고의 인생을 살아가자!'라고 적었다.

결단을 내린 순간 "이제 곧 착륙하겠습니다"라는 안내방송이 흘러나왔다. 잠시 후 내가 탄 비행기는 홋카이도의 대지에 착륙했다.

◆ ◆ ◆

공항을 나와 전철과 버스를 갈아타며 여동생이 준 오타루 주소를 찾아갔다. 그러자 바다가 내려다보이는 언덕 위에 크고 멋진 통나무집이 나타났다.

초인종을 누르자 멋진 백발의 신사가 나왔다. 사루타 씨였다.

'온천에 있는 원숭이랑 똑같이 생겼어! 이 할아버지가 매해 게를 보내준 사람이구나.'

감사의 인사를 전해야 하는 것이 마땅한데, 나는 무례하게도 웃음이 터져 나올 것만 같았다. 나는 그 웃음을 간신히 참았다.

그런 무례한 내 생각을 눈치 채지 못했는지 사루타 씨는 "잘 왔네!"라며 악수를 건넨 후 진심으로 나를 환영해주었다.

현관 안으로 들어가자 마치 외국 영화에 나오는 집처럼 밝고 개방적인 거실이 나타났다.

난로에는 장작이 활활 타고 있었다.

마치 외국의 저택에 들어온 느낌이었다.

사루타 씨는 할아버지 곁을 떠난 후 사업을 해 성공한 것 같았다.

그의 아내가 차를 내왔다.

나는 매해 보내주신 게를 온 가족이 모여 맛있게 먹었다고 감사 인사를 전했다. 그때는 모두 즐거웠는데라고 생각하면서.

그러자 사루타 씨는 미소를 띠며 기뻐해주었다.

이런저런 이야기를 나눈 후 사루타 씨가 본론을 꺼냈다.

"케이 군은 할아버지에 대해 궁금한 게 많은 것 같군. 구체적으로 할아버지의 무엇에 대해 알고 싶은가?"

"어렸을 때 할아버지와 잠시 같이 산 적이 있어요. 그러나 할아버지가 일로 어떻게 성공했는지 그 이야기는 듣지 못했지요. 그런 걸 묻기도 전에 할아버지가 돌아가셨거든요. 저는 할아버지의 신념과 인생에 대해 알고 싶어요."

그러자 먼 옛날 추억을 떠올리듯이 사루타 씨는 말했다.

"자네가 기대하는 대답이 될지는 모르겠지만 이야기를 시작해보겠네. 나는 자네 할아버지를 대장이라고 불렀어. 내가 19세 무렵이었으니까, 딱 케이 군 나이 때 대장을 처음 만났지. 그러고 나서 5년 정도 같이 일했고."

"그 후에도 계속 연락했었나요?"

"응, 같이 일한 시간은 짧았지만 연락은 평생 주고받았어. 대장과 헤어진 후에도 인생에 고비가 있을 때마다 할아버지에게 많은 조언을 받았지. 아버지를 일찍 여읜 나에게는 자네 할아버지가 아버지 같은 존재였다네. 정말 많은 신세를 졌지. 나는 대장에게 받은 은혜를 평생 잊지 못할 거야."

"그렇군요. 마음이 뿌듯해지네요. 할아버지는 어떤 사람이었나요?"

"한마디로 말하면, 그릇이 큰 인물이었네. 모든 사람을 품을 수 있을 만큼 크고 따뜻한 사람이었지. 할아버지를 만난 사람들은 모두 그에게 매료되었어. 할아버지는 다른 사람을 도와주는 것을 매우 좋아하셨지. 그에게 신세진 사람이 얼마나 많은지 셀 수도 없을 정도야. 한마디로 말하면 그는 '주는 사람'이었어. 그래서 모두 할아버지를 좋아했지."

집에서 본 할아버지와는 조금 다른 인상이었다.

집에서도 큰 인물다운 느낌은 있었지만, 그 정도였나……. 할아버지의 이야기를 듣고 새삼 기분이 좋아졌다.

"사루타 씨는 할아버지에게 무엇을 배웠나요?"

"많은 것을 배웠지만 가장 기억에 남는 것은 '결단'이야. '네가 진심을 다해 결정하지 않으면 미래는 바뀌지 않아!'라며 몇 번이나 지적하셨지."

"그러나 결단이 결코 쉬운 일은 아니잖아요."

"그렇지. 결단을 내리기 전에는 끝내야만 하는 큰 숙제가 있다네. 하지만 사람들은 그 숙제를 끝내지 못하지. 그래서 결단을 내리지 못하는 거야. 그 숙제란 결단에 따른 불안과 공포를 극복하는 것이야. 무언가 새로운 것을 시작할 때는 항상 마음이 불안해지지. 이 불안은 나도 인생을 살면서 수천 번이나 경험했다네. 결단을 가능한 한 뒤로 미루고 싶은 마음은 지극히 정상적인 일이고 자연스러운 일이야. 그 이유는 옛날 원시시대까지 거슬러 올라갈 수 있지. 원시시대 때 모험심과 호기심을 갖고 바깥세상으로 나간 사람은 어떻게 됐을까?"

"글쎄요, 어떻게 됐나요?"

"아마 다른 동물에게 잡아먹히거나 공격당했겠지. 우리는 모험을 하지 않고 동굴 속에 숨어 벌벌 떤 겁쟁이들의 후손이야. 케이 군도 도쿄에 있는 대학에 가겠다고 결심했을 때는 불안했을 거야. 인간은 결단을 내릴 때 불안과 공포를 느끼지. 그것은 무언가를 결정할 때 '이게 올바른 결정일까?' '더 좋은 선택지는 없을까?'라는 생각 때문이지."

"무슨 말씀인지 잘 알겠어요. 하지만 결단을 내리지 않으면 인생은 앞으로 나아가지 않잖아요."

"당연하지. 그 불안과 공포 때문에 유학, 결혼, 전직, 독립, 임신처럼 인생의 중대한 사항과 진지하게 마주하지 않는 사람들이 많은 거야. 하지만 머뭇거리고 주저하면 타이밍을 놓쳐버리게 된다네. 위험을 두려워해 외국에 나가지 않고, 상처받을 것이 무서워 좋아하는 사람에게 고백하지 않으면 어떠한 일도 일어나지 않지."

"제가 지금 그런 상태예요. 저는 앞으로 어떻게 하면 좋을까요?"

"방법은 세 가지가 있다네. 첫 번째 방법은 '불안과 공포를 느끼는 게 당연하다'고 생각하는 거야. 변화는 누구나 무서워해. 그것을 인정하면 마음이 놓이게 될 거야. 인간의 심리는 이상하게도 불안을 느끼라고 말하면 오히려 불안이 사라지게 되어 있지. 참으로 이상하다고 생각하지 않나?

두 번째 방법은 '불안 뒤에 있는 두근거림에 집중'하는 거야. 두근거림에 집중하다 보면 불안은 어느새 사라져버리게 되지. 그러면 내 행동을 막고 있던 브레이크가 풀려서 앞으로 나아갈 수 있게 된다네. 무언가를 결정할 때 불안함이 앞선다면 냉정하게 생각해보는 게 좋아. 그러면 불안도 두근거림도 같은 양이라는 것을 알 수 있게 되지. 그러면 스트레스가 줄어들어 쉽게 결단을 내릴 수 있게 될 거야.

세 번째 방법은 '결정 스트레스가 클수록 빨리 결단을 내리는 것'이라네. 결정 스트레스가 클수록 빨리 결정짓는 버릇을 들여야 해. 결단에는 '단(斷)'이라는 한자가 들어가지. 즉 결단에는 '다른 선택지를 자르라'는 의미도 있는 거야. '잘 결정하는 습관'을 몸에 익히면 망설이는 시간은 줄어든다네. '과연 잘될까?' 하며 주저하는 '대기 시간'은 인생에서 가장 쓸모없는 시간이라고 할 수 있지."

"정말 그런 것 같아요. 어쨌든 빨리 결정해라……. 명언이
네요."

"미래가 불안하거나 무서워 현재에 머문다면 앞으로 아무 일
도 일어나지 않을 거야. 세상은 위험한 곳이 아니라 멋진 곳이라
네. 잘 생각해봐. 우리가 걱정하는 일의 90퍼센트 이상은 실제
로 일어나지 않아. 케이도 지금까지의 인생을 되돌아보면 충분
히 이해할 수 있을 거야."

"맞아요. 그럴지도 모르죠."

"나는 내 인생을 통해 '결단의 힘'을 실감했지. 일단 결정하면
그 사람에게는 엄청난 힘이 발생해. 그리고 그 힘은 주변으로 퍼
져 나가지. 특히 성공한 사람은 그 '결단의 힘'을 잘 본다네. 그리
고 '진심으로 결정하고 노력하는 사람'을 도와주고 싶어 하지.
나도 사업을 시작할 때는 무(無)에서 시작했어. 그러나 노력하
는 동안에 한 사람 또 한 사람 조력자가 나타나 나를 도와주기
시작했다네. 그리고 그들이 새로운 손님이나 직원, 유력한 거래
처를 소개시켜줬지. 그래서 나도 직원들에게 자주 이렇게 말한
다네. 진심으로 결정하면 누군가가 반드시 도와준다고."

"저는 아직 그런 경험을 많이 하진 못했지만, 동아리 활동을
하다 보면 확실히 그럴 때가 있었어요. 무언가 열심히 하고 있으
면 주변에 도와주는 사람이 나타나죠."

"그래서 대장은 **'결정하는 순간 미래도 결정된다! 오늘은 무엇을 결정했나?'** 하고 자주 물었지. 몇 십 년이 지나도 그 박력은 어제 일처럼 기억나네. 자네 할아버지의 가르침은 내 안에도, 직원들 안에도 아직 살아 있다네."

"그렇군요. 할아버지는 열정적이 분이셨군요. 집에서는 그렇지 않았지만……."

"케이 군이 철들 무렵에는 할아버지의 힘이 많이 빠져서 그렇게 보였을 테지. 하지만 젊었을 때는 힘이 대단했어. 그래서였는지 아들, 그러니까 자네 아버지는 결국 그 힘에 눌려 큰일을 못했지만. 손자에게는 자상해도 아들에게는 엄한 분이었으니까."

할아버지와의 갈등 때문에 아버지는 자신의 문을 닫아버린 걸까. 그렇다면 아버지도 할아버지처럼 엄청난 신념을 가지고 있을지도 몰랐다.

사루타 씨의 이야기를 들으면서 아버지의 어린 시절을 상상했다.

그렇게 멍하니 생각하고 있을 때 사루타 씨가 말을 이었다.

"젊음은 좋은 거야. 나도 케이 군을 진심으로 응원할게!"

"감사합니다. 저도 사루타 씨에게 약속할게요. 나다운 인생을 살기 위해 인생의 의미를 찾는 여행을 떠날 거예요. 몇 년이 걸릴지는 모르겠지만 지켜봐 주세요. 할아버지를 대신해서요. 그리고 또 찾아오겠습니다."

사루타 씨는 내가 내민 손을 꽉 잡았다.

그는 흥분된 얼굴로 이렇게 말했다.

"자네의 행복한 인생을 지켜보는 것으로 대장에게 은혜를 갚는 거 같아 기분이 좋구나. 내가 더 고맙다. 부디 건강하길 바란다. 마지막으로 한 가지 더. 지금 생각난 거지만 대장은 '**고민되면 힘든 쪽으로 가라**'고 말했어. 참고하도록."

자고 가라는 사루타 씨 부인의 온정을 차마 거절할 수 없어 나는 그곳에서 하룻밤 묵기로 했다.

이불 속에 누워도 흥분이 가라앉지 않아 나는 좀처럼 잠들 수가 없었다.

'결단이 인생의 열쇠다'라고 했지만, 나는 잘 결정할 수 있을까?

이런저런 생각에 잠들 수 없던 나는 결국 침대에서 일어나 편지 다발이 든 가방을 꺼냈다.

〈세 번째 편지〉에는 '직감'이라는 글자가 쓰여 있었다.

절묘한 타이밍이다.

지금이야말로 '어떤 직감을 사용해 결정할지'에 대해 배울 순간이었다.

사루타 씨에게는 기세 좋게 선언했지만 애초에 행동력도 없고 의지도 약한 나는 나다운 인생을 살아갈 자신이 없었다.

그런 내가 성공하기 위해서는 '직감'을 최대한 활용할 필요가
있었다.

'지금 당장 직감을 배우자!'라는 생각이 들었다.

편지 봉투를 열었을 때 가슴이 두근거렸다. 편지를 꺼내보자
몇 장에 걸쳐 글씨가 빼곡히 적혀 있었다.

Part 03

세 번째
편지:
직감 Intuition

어떠니? 지금이 '직감'을 배울 가장 좋은 타이밍이니?

케이, 너는 이미 '흐름'을 탔단다.

오늘은 '직감'이란 무엇인지 그리고 직감을 어떻게 사용해야 하는지에 대해 알려주겠다.

너는 직감을 그저 '감'이라고 생각하겠지만, 직감은 '지혜'란 다. 그리고 너를 행복으로 이끄는 내비게이션이라고도 말할 수 있지.

직감이란 '이미 모든 것을 알고 있는 내면이 보내는 신호'라 고 생각해도 좋아. 내면은 모든 것을 알고 있기 때문에 너에게 꼭 필요한 신호만 보낼 거다.

즉 내 몸과 내 마음은 나에게 가장 중요한 게 무엇인지 잘 알고 있단다.

따라서 직감을 무시하면 몸과 마음이 비명을 지를 거야.

싫어하는 일을 억지로 참으면서 하다 보면 결국 몸과 마음이 병들어 주저앉게 되지. 그것이 바로 직감을 무시해서 생기는 일이란다.

그러면 '직감'은 어떻게 받아들여야 할까?

가슴이 두근거리고, 다리가 떨릴 정도로 겁나고, 몸이 뜨거워지고, 기분이 좋아지는 것. 이것들은 모두 '직감이 보내는 신호'란다.

행복한 인생을 보내고 싶다면 직감을 읽는 기술을 익혀야만 해.

내가 가고 싶은 방향에 서 있을 때 사람은 자연히 흥분을 느끼게 된단다.

"그래! 이거야!" 하면서 몸에도 마음에도 긍정적인 에너지가 흐르게 되지.

반대로 내가 가고 싶지 않은 방향에 서게 되면 어떻게 될까?

그때는 당연히 기분이 나빠지고 우울해질 거야.

애인과 헤어지는 게 맞지만, 차마 헤어지자는 말을 꺼내지 못해 상처만 더 크게 받았다, 나와 맞지 않는 회사지만 좋은 조건에 이끌려 취직했다가 마음만 다쳤다. 이처럼 잘못된 길이라는 걸 알고 있으면서도 직감을 믿지 않다가 나중에 후회하는 경험은 누구에게나 있을 거다.

그러면 왜 직감을 믿지 않은 걸까?

그 이유는 이성이나 여러 감정이 '내 안의 목소리'를 듣지 못하게 방해했기 때문이란다.

직감은 항상 행복을 위해 일한단다.

그렇기 때문에 내 안의 목소리에 귀 기울이는 것이 가장 중요하다고 할 수 있지.

이성적으로 잘 모를 때는 용기를 가지고 몸과 마음이 보내는 직감에 인생을 맡겨보렴.

어쨌든 직감을 따르겠다는 마음가짐이 중요하단다.

그러기 위해서는 '직감의 특징' 또한 잘 알아야 하지.

직감은 가슴이 보내는 정보의 '파도'야.

갑자기 '확' 올 때도 있지만, '탁' 멈출 때도 있지.

정보가 멈추면 인생이 '정체기'에 들어서거나 '잘못된 길'로 빠질 가능성도 있어.

그럴 때는 다음 정보가 올 때까지 잠시 기다리는 것도 하나의 방법이란다.

하지만 직감이 왔을 때는 대담하게 행동해야 해. 멋진 '서퍼'

처럼 파도를 즐겨야 하는 거지.

직감을 따르면 그 후에는 재밌는 '우연'이 차례대로 일어날 거야.

큰 파도를 탄 서퍼처럼 우연을 따라 여행하는 것은 인생에서 가장 즐겁고 가슴 설레는 경험이란다.

나는 〈두 번째 편지〉에서 결단이 중요하다고 말했다. 하지만 정작 중요한 순간에는 '이성과 논리'가 아니라 '직감'으로 결단을 내려야 한다.

너도 결단을 내릴 때는 '직감'을 사용해보렴.

직감을 사용하면 결단도 빨리 내릴 수 있을 거다. 그래서 비즈니스나 예술, 정치에서 성공하는 사람들은 모두 자신의 직감을 소중히 생각한단다.

직감을 사용하는 데 익숙해지면 모든 일을 '10초' 만에 결정할 수 있게 될 거야.

그러면 자연히 결단과 행동이 빨라지기 때문에 남들보다 크게 성공할 수 있게 된단다.

성공하는 사람들은 재능이 있어서 성공하는 게 아니야. 그들은 남들이 이런저런 고민을 할 시간에 세 배 이상 많이 도전하지. 그렇게 많이 도전하니까 남들보다 성공하는 거란다.

너도 애플의 창업자인 스티브 잡스를 잘 알고 있을 거다.

그가 2005년에 스탠퍼드 대학 졸업식에서 한 연설은 많은 사람들에게 큰 감명을 주었지.

"우리에게 시간은 한정되어 있다. 따라서 인생의 시간을 낭비하지 말자. 독단에 빠져서는 안 된다. 그것은 다른 사람의 삶을 따라 하는 것과 같다. 다른 사람의 삶을 따라 하다 보면 내면의 목소리가 사라지게 된다. 가장 중요한 것은 내 마음과 직감을 따를 용기를 가지는 것이다. 우리의 마음과 직감은 내가 무엇을 원하는지 잘 알고 있다. 그 외의 모든 것은 부차적인 것이다."[3]

이 연설에서 알 수 있듯이 스티브 잡스도 '직감'을 매우 중요하게 생각했단다.

중요한 것은 직감으로 내린 결단이 옳은지 그른지 신경 쓰지 않는 거란다.

왜냐하면 선택한 후에는 혼신을 다하는 것이 중요하고, 그렇게 혼신을 다하다 보면 대부분 일은 잘 풀리기 때문이지.

따라서 망설이지 말고 직감을 사용해 결단하고 행동하렴.

인생에서 가장 쓸모없는 것은 아무것도 결정하지 않은 채 무의미하게 흘려보내는 시간이란다.

하지만 결단을 내린다고 해도 내가 좋아하지도 않는 것을 선택하면 안 돼. 만약 내가 좋아하지 않는 것을 선택하고 그 방향으로 나아간다면 '정말 이대로가 좋은지' 한동안은 고민에 빠지게 될 거야.

그런 상황에 빠지면 당연히 사람은 힘을 잃고 무기력해진단다. 그러면 결국 '나는 아무것도 할 수 없는 사람'이라며 모든 일을 체념하게 되지.

그 결과 우울한 노후를 맞이하게 되는 거란다.

그런 삶이 좋은지 한번 생각해보렴.

나는 지금까지 중요한 순간에 몇 번이나 직감을 믿었단다.

때때로 실패할지도 모른다고 생각했지만, 뒤돌아보니 그 결단은 결코 틀리지 않았어.

직감을 사용한다는 것은 안 쓰던 근육을 쓰는 것과 같아. 그래서 처음에는 조금 어색하고 힘들겠지만 계속해서 직감을 사용하려고 노력하다 보면 금방 익숙해질 거란다.

네 안에 있는 직감을 잘 잡길 바란다.

그리고 직감을 사용해 다양한 결정을 하고 행동을 하길 바란다.

그렇다면, 앞으로 너는 무엇을 해야 할까?

다음 날 아침 눈을 떴을 때 기분이 상쾌하고 이유도 없이 가슴이 두근거렸다. '최고의 인생을 살자!'고 결심하자 세상이 놀라울 정도로 달라 보였다.

"케이, 너는 이미 '흐름'을 탔단다."

할아버지가 한 말이 떠올랐다.

사루타 씨는 줄곧 미소를 지으면서 아침식사를 했다.

"케이 군, 자네를 보고 있으면 나까지 기분이 좋아져. 자네의 앞날이 정말 기대돼."

"네, 저도요. 어젯밤 저는 '최고의 인생을 살자'고 결심했어요. 그런데 앞으로 무엇을 하면 좋을지 전혀 감이 잡히지 않더라고요. 그래서 조금 답답한 게 사실이에요. 이런 질문을 해서 죄송한데, 나는 앞으로 무엇을 해야 할까요?"

"나라면 직감을 사용해 느낌이 가는 대로 행동할 거 같구나. 나는 일상에서 일어나는 우연을 하나도 놓치지 않으려고 노력했어. 아주 사소한 우연이라도 말이야. 그것은 대장의 가르침이기도 했지."

"어떻게 하면 직감을 느낄 수 있을지, 그것도 가르쳐주실 수 있을까요?"

"직감이라는 것은 하나의 감각이야. 세상에는 '오감'을 느끼는 사람도 있지만 '육감'을 감지하는 사람도 있어. 이를테면 미래에 대해 생각할 때 이미지를 떠올린다면 그것은 '시각'을 사용하는 사람이야. 무언가 냄새를 맡는다면 '후각'을 사용하는 사람이지. 그리고 섬뜩한 느낌을 느낀다면 '촉각'을 사용하는 사람이고, 음악 소리처럼 아름다운 소리를 듣는다면 '청각'을 사용하는 사람인 거지. 만약 미래에 대해 무언가 달콤한 맛을 느낀다면 그것은 '미각'을 사용하는 사람이라고 말할 수 있어. 그러나 육감은 '올바른 느낌'이라는 조금은 이상한 감각이야. 이것은 오감과 달리 '그렇게 느끼는 감각'이지. 그래서 직감을 감지하는 회로는 사람마다 완전히 다른 거야."

"그렇군요."

"그러면 직감을 느끼는 가장 기본적인 방법을 알려주지. 크게 나눠서 세 가지 단계가 있단다."

사루타 씨는 그렇게 말하며 종이에 글자를 써 내려가기 시작했다.

❶ 눈을 감고 마음을 고요히 한다.

❷ 자신이 결정한 내용을 그린다.

❸ 직감의 대답이 어떤 경로로 오는지 본다(또는 느낀다).

"간단하지?"

"글쎄요. 알 것 같기도 하고, 모를 것 같기도 해요."

"그럼 같이 살펴보도록 하자. 우선 첫 번째, 심호흡을 하면서 마음을 조용히 가다듬고 내면을 바라보는 거야. 그리고 오감 중에 주로 어떤 감각을 통해 직감이 오는지 확인해보는 거지."

눈을 감고 사루타 씨가 말한 대로 해보자 여러 가지 이미지가 보였다. 하지만 나에게는 어떤 소리도 들리지 않고 냄새도 나지 않았다.

"눈을 감자 저는 이미지가 보였어요. 그러다 등줄기가 조금 서늘해졌어요. 하지만 사람에 따라 소리를 듣는 사람이나 냄새를 맡는 사람도 있을 수 있잖아요. 그렇다면 직감은 누구나 느낄 수 있는 감각인가요?"

"물론이지! **사람들은 모두 다 정보를 받고 있어. 하지만 그것을 직감이라고 인식하지 못하는 것뿐이지.**"

"그러면 성공하는 사람에게나 성공하지 못하는 사람에게나 정보가 오는 건 다 똑같다는 말씀이시군요. 문제는 그것을 인식하느냐 인식하지 못하느냐의 차이고요."

"그렇지. TV 방송국이 시청자를 가려가면서 방송을 전파하지는 않잖아. 모두에게 동등하게 방송을 전파하지만 그것을 보는 사람이 있고 보지 않는 사람이 있는 거지. 이렇듯 정보를 받아들일지 말지는 본인의 문제야. TV처럼 수신기는 누구나 가지고 있으니까 말이야. 차이는 직감을 켜는 스위치가 있느냐 없느냐지. 언뜻 보기에 이 차이는 작은 것 같지만 사실은 시간과 함께 매우 커진단다."

"정말 쉽게 이해가 되네요. 그러면 직감의 스위치를 켜는 방법도 알려주실 수 있나요?"

"우선 쉬운 방법으로, 스스로 '직감의 스위치'라고 말해보는 거야. 그렇게 말하는 것만으로도 직감을 느끼는 의식이 움직이기 시작할 거야. 아침에 집에서 나올 때 '오늘은 노란색 자동차를 찾아보자' 생각하면 평소보다 노란색 자동차를 몇 배나 더 많이 보게 되지 않나. 그것과 같은 거야."

"그러면 직감과 그냥 감을 어떻게 구별하나요?"

"직감은 가슴 깊은 곳에 있는 명확한 정보지. 딱 들어맞는 정확한 느낌이라고 할 수 있어. 그러나 감은 애매모호한 거야. 순간 가슴에 떠오르지만 감정을 울리지는 않지. 한편 직감은 계속 그곳에 있는 확실한 감각이야. 직감은 몇 번을 물어봐도 같은 대답을 주지. 조용히 가슴을 울려서 정답이라고 알 수 있어. 직감과 감을 구별하는 방법은 내 가슴으로 직감을 느끼는 것뿐이란다. 익숙해지면 그 차이를 금방 알 수 있게 될 거야."

"아까 저처럼 등줄기가 서늘해지는 경우에는 직감인지 그저 공포인지 모를 수도 있지 않을까요? 그것을 구별하는 방법도 있나요?"

"좋은 질문이야. 직감과 공포를 혼동해서는 안 돼. 직감은 인생을 새로운 무대로 이끌기 때문에 가끔은 공포심을 주기도 해. 나도 해외에 나갈 때, 독립할 때, 결혼할 때는 불안함을 느꼈어.

그러나 공포심을 느낄 때마다 멈추면 아무것도 할 수 없지. 그럴 때는 가슴속으로 물어보는 거야. '이것은 직감일까, 그저 공포일까' 하고 말이야."

"가슴속으로 물어봐라……."

"그래. 그러면 그것이 공포인지 직감인지 알 수 있게 되지."

"진지하게 가슴속으로 물어봐야 알 수 있겠네요."

"그렇단다. 꼭 연습해봐. 직감을 잘 사용하는 사람은 가슴 깊은 곳에 확신이 있기 때문에 내 선택이 정답이라고 생각해. 이를테면 실패에도 배울 점이 있다고 생각하지. 그래서 실패해도 다시 일어서는 거고, 그런 이유로 계속해서 행동할 수 있는 거란다. 실패를 많이 해도 적극적으로 나아가면 아무것도 하지 않을 때보다 훨씬 더 앞으로 나아갈 수 있지."

"케이 군도 나이팅게일을 알고 있지?"

"간호사요?"

"맞아. 신앙심이 깊은 그녀는 간호사가 되라는 내면의 목소리를 들었다고 하지. 그것이 세상에 공헌하는 방법이라고 말이야. 그래서 38명의 간호사를 데리고 크림 전쟁에 참전한 거야. 이후 그녀는 아픈 병사들을 간호했고, 그 결과 우리가 아는 '크림 천사'가 된 거지. 나는 나이팅게일의 내면의 목소리야말로 그녀의 가슴이 보낸 직감이라고 생각한다네. 그녀는 자신의 직감을 확신했지. 그렇게 직감을 따라 행동해 세계적인 업적을 쌓을 수 있었던 거야."[4]

"왜 직감을 사용해야 하는지 이제 잘 알겠어요. 그런데 머리로는 알겠지만 과연 내가 잘할 수 있을지는 모르겠네요."

"케이 군이라면 분명 잘할 수 있을 거야. 우연과 직감에 이끌려 여기 오타루까지 왔지 않나. 그런 사람은 반드시 무언가를 이루어내지. 정말 중요한 일은 새로운 느낌이 아니라 아주 오래전부터 알고 있는 듯한 익숙한 느낌으로 다가온다네. 그래서 내면에 의식을 향해야 하는 거야."

나는 이야기를 들으면서 조용히 고개를 끄덕였다.

'지금 나는 흐름을 탔다'는 감각을 받아들였다.

아쉽지만 사루타 씨와 헤어질 시간이 다가왔다. 나는 사루타 씨의 부인에게 감사의 말을 전하고 통나무집을 떠났다. 두 사람은 내가 보이지 않을 때까지 손을 흔들어주었다.

공항으로 가는 전철 안에서 항공권을 확인하려고 가방을 열었을 때 편지 다발 중 한 통의 편지가 떨어졌다. 〈네 번째 편지〉였다. 거기에는 '행동'이라고 쓰여 있었다.

어제 막 세 번째 편지를 읽었는데 또 편지를 읽어도 될까?

잠시 망설였지만 호기심이 멈추지 않았다.

〈네 번째 편지〉가 내 앞에 떨어졌다는 것은 이 편지를 읽으라는 우연의 타이밍일지도 몰랐다.

내가 좋은 타이밍이라고 생각했을 때 편지를 읽으라는 할아
버지의 말을 떠올리며 나는 네 번째 편지 봉투를 열었다.

Part 04

네 번째
편지:
행동 Action

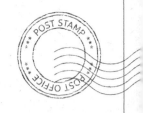

앞서 본 편지는 어땠니?

우연, 결단, 직감에 대해 이야기했지.

직감을 사용하면 결단이 빨라진다고 했지만, 그렇다고 모든 일이 척척 진행되는 것은 아니란다.

결단을 내렸다면 반드시 해야 하는 것이 있어.

그것은 바로 '행동'이란다.

'결단'과 '행동'은 하나야.

'모든 일은 결단을 내린 순간 시작된다' '결단을 내린 순간 현재와 미래가 접속하는 회로가 생긴다'고 앞에서 말했지만, 그 미래는 '행동'해야만 가까워진단다.

아무리 결심해도 행동하지 않으면 미래는 다가오지 않아. 단

1밀리미터도.

결단을 내려도 집 안에만 틀어박혀 있으면 네가 결심한 미래
는 실현되지 않을 거다.

'결단'이 미래를 탄생시키고, '행동'이 그 미래를 이끌어줄 거
란다.

행동에는 두 가지 종류가 있다.

❶ 미래의 불편함을 막기 위해 마지못해 하는 행동(부정적
인 행동 에너지)

❷ 현재를 즐기면서 신나게 하는 행동(긍정적인 행동 에너지)

'미래의 불편함을 막기 위해 마지못해 하는 행동'이란 공부,
집안일, 일 등을 생각하면 쉽게 이해할 수 있을 거다.

안타깝게도 많은 사람들은 이 부정적인 행동 패턴으로 생활
하고 있어. 사실 사람은 부정적인 행동 에너지가 있어야 비로소
움직일 수 있게 된단다.

왜냐하면 어렸을 때부터 싫은 일도 해야 한다고 배웠기 때문
이야. 그래서 사람들은 아무리 싫어하는 일이라도 꾸역꾸역 참
아가면서 어떻게든 하는 거란다.

세상에는 일을 하고 싶지 않지만 선뜻 일을 그만두지 못하는

사람들이 의외로 많이 있어.

매일 출근하기 싫다고 말하면서도 결국 월요일부터 금요일까지 회사에 나가는 사람들을 보면 쉽게 알 수 있을 거다.

일이 싫으면서도 왜 굳이 출근을 하는 걸까. 그것은 일을 하지 않으면 집세나 생활비를 낼 수 없는 불편한 상황이 벌어지기 때문이야. 그런 불편한 상황이 싫기 때문에 꾸역꾸역 일을 하는 거지.

대부분의 사람들은 '미래의 불편함을 막기 위해 마지못해 하는 행동'만 할 뿐 '현재를 즐기면서 신나게 하는 행동'은 하지 않는단다. 불행하게도 말이야.

그러나 긍정적인 에너지를 늘리지 않으면 인생은 당연히 재미없어지고 말아.

그러면 여기서 '긍정적인 행동 에너지'를 늘리는 몇 가지 방법을 소개하마.

첫 번째 방법은 어렸을 때 '순수하게 즐겼던 것'을 생각한 후 그것을 해보는 거야.

이를테면 '노래'를 좋아했다면 노래를 부르면서 긍정적인 에너지를 높이는 거지. 이렇게 매일 즐거운 것을 1퍼센트씩 늘려보렴.

이것은 갑자기 가수가 되겠다고 생각하는 그런 것이 아니야.

즐거운 일을 하면서 나 자신을 행복하게 만드는 것이 목적이란다.

만약 하루 중 즐거운 시간이 20퍼센트 이하라면 자기 파괴적인 생활을 하고 있다고 생각해도 좋아.

인생은 즐기는 것이지 결코 수행하는 것이 아니란다.

두 번째 방법은 재미있을 것 같은 일을 스무 개 적은 후 가장 흥미 깊은 것부터 순서대로 해보는 방법이야.

그것은 당일치기 여행이나 영화 관람, 악기 연습처럼 작은 즐거움이라도 좋단다.

이렇게 작은 즐거움을 느끼면서 긍정적인 에너지를 충전하는 거야. 그러면 다음에는 조금 더 재미있는 일을 해보고 싶어질 거란다.

세 번째 방법은 조금 상위 단계지만, '미래에 성공한 내 모습'을 상상해보는 거야.

인생을 즐기며 살고 있을 미래의 내 모습을 상상하면 자연히 행동할 수 있게 된단다. 그러나 너무 막연한 상상은 오히려 행동을 가로막아.

미래의 나는 어떤 재미를 즐기고 있을지 명확하게 상상해보렴. 가뿐하게 할 수 있는 것부터 행동하면 성공한 내 모습이 쉽게 보일 거란다.

사람들이 다이어트나 금연에 실패하는 이유가 무엇인지 아니? 그것은 '성공한 미래의 내 모습'을 상상하지 않고 '눈앞의 쾌락'만 선택하기 때문이야.

여러 가지 방법을 시도하면서 '현재를 즐기면서 신나게 하는 행동(긍정적인 행동 에너지)'의 양을 늘려가 보렴.

그리고 원하는 미래를 손에 넣을 때까지 우연과 직감을 따라 두근거림을 쫓아가 보렴.

너에게 꼭 전하고 싶은 말이 있다.

인생은 크게 나눠서 두 가지 종류밖에 없단다.

'많이 경험하는 인생'과 '조금 경험하는 인생'이지.

안전만 생각하면 재미없는 인생을 살게 될 거다.

앞에서도 말했듯이 행동하지 않으면 아무 일도 일어나지 않는단다. 경우에 따라서는 실패를 목표로 행동해야 해.

마지막으로, 사상가 루소의 말을 덧붙이겠다.

'살아 있는 것. 그것은 숨 쉬는 것이 아니다. 활동하는 것이다.'[5]

그럼, 세계로 나가보렴.

청년이여, 여행을 떠나거라!

다음 편지는 '해외'에서 읽어보길 바란다.

그전까지는 다음 편지를 읽지 말거라.

그럼, 좋은 여행이 되기를!

편지를 든 손이 감동으로 흔들렸다. 할아버지, 고맙습니다.

이것저것 고민해도 돌아오는 건 없다. 지금 나에게는 '행동' 만 있을 뿐이다.

좋아, 나도 해보자!

◆　◆　◆

잠시 후 공항에 도착했다.

검색대에 줄 서 있는데 낯익은 남자가 보였다. 지난번 여행사에 갔을 때 내 앞에 서 있던 간사이 사투리를 쓰던 그 남자였다. 이 사람이 또 내 앞에 서 있다니…….

"너, 그때? 우리는 역시 인연인가 봐. 의형제라도 맺어야 하나. 같이 오타루를 여행해도 좋았을 텐데. 미안, 물어보지도 않고 내 마음대로 생각했네."

그는 혼자서 계속 말을 이어갔다. 사실은 교토에 있는 대학에 가려고 했지만 도쿄로 왔다, 교토는 정말 멋진 도시다라는 이야기를 끊임없이 늘어놨다. 내가 고베 출신인 것을 알자 이번에는 고베가 얼마나 멋진 도시인지 혼자 계속해서 이야기했다.

검색이 끝난 나는 귀찮은 의형제를 끊기라도 하듯이 게이트를 향해 빠른 걸음으로 걸어갔다.

탑승구에 도착하자 외국인 가족이 보였다.

7~8세 정도 되는 쌍둥이 아이들은 매우 귀여웠다. 둘이서 나

란히 검은 티셔츠를 입고 뛰어다녔다. 그 티셔츠는 검은색 바탕에 하얀색 글씨로 각각 '교토', '고베'라고 쓰여 있었다.

그것을 보고 온몸에 전율이 흘렀다.

단 5분 동안에 '교토'와 '고베'가 두 번이나 나왔다!

"네가 무언가에 대해 정말 알고 싶을 때, 그때는 '운명의 여신'이 두세 번 연속해서 우연을 일으켜줄 거다."

할아버지가 편지에 쓴 말이 떠올랐다.

맞아!

저 귀찮은 의형제는 어쩌면 메신저일지도 몰라. 교토와 고베로 가라고 일러주는 메신저.

나는 연속으로 일어나는 '우연'에 번뜩 '직감'을 느꼈다.

그렇다면 교토와 고베로 가자!

왠지 가슴이 매우 두근거렸다.

비행기가 이륙할 때쯤에는 미래에 대한 기대감으로 가슴이 터질 것만 같았다.

◆ ◆ ◆

'싱크로니시티(언뜻 우연처럼 보이지만 의미 있는 필연)'가 다음 목적지를 알려줬지만 나는 왜인지 이튿날부터 바로 움직일 수가 없었다.

아니, 꼼짝도 할 수 없다고 말하는 편이 정확할 것이다.

나는 나 자신이 부끄러웠다.

애초에 용기도 행동력도 없는 나는 무작정 오타루로 떠났고, 그곳에서 내 모든 에너지를 써버린 느낌이었다.

'앞으로 무언가를 하려면 돈이 필요하다'는 궁핍한 핑계를 만든 후 나는 아르바이트 생활을 시작했다. 그런 생활에 박차를 가하듯이 친구들은 연달아 술자리를 만들었다.

나는 술값을 대기 위해 아르바이트를 하는 걸까…….

이런 의지박약에 따끔한 충고를 해준 사람은 역시 에미였다.

오랜만에 만난 에미는 무서운 표정으로 나를 몰아세웠다.

"케이, 우연과 직감을 따르겠다는 이야기는 어떻게 됐어?"

"아, 그게 조금 있다가 떠날 생각이야. 교토는 어디로 도망가지 않잖아. 천 년 전부터 변하지 않는 도시니까 앞으로도 그대로일 거야."

"무슨 소리야? 조금 있다가라니. 도대체 언제?"

"조금 더 돈을 벌고, 자유 시간이 생기면."

"도대체 언제 갔다가 언제 올 건데! 지금 안 가면 어떻게 할 거냐고!"

그때 '띵동' 하고 친구에게서 문자가 왔다.

"지난달에 네 휴학계 신청했어. 미리 말하려고 했는데 까맣게 잊고 있었네. 미안. 몸조심하고, 오타루든 북극이든 잘 갔다 와.

돌아오면 술 한잔 사고."

나도 까맣게 잊고 있었다. 오타루로 가기 전 친구에게 "잠시 여행을 다녀올 생각이야. 해외로 갈지도 모르니까 내가 연락이 안 되면 나 대신에 휴학계 좀 내줘."라고 부탁했었다.

나에게서 휴대폰을 빼앗아 문자를 읽은 에미는 자신이 이겼다는 표정으로 말했다.

"어머, 이것도 우연이네. 이 타이밍에 이런 문자가 왔으니까 갈 수밖에 없겠지."

아……, 나는 어떡하면 좋을까.

이튿날 아침 나는 서둘러 학교 교무과를 찾아갔다. 확인해보니 내 휴학계는 4주 전에 신청되어 있었다. 따라서 이미 교수회에서도 처리되어 휴학계는 사무 수속이 끝난 상태였다.

교수를 직접 만나 얘기하는 수밖에 없었다. 나는 교수님 방으로 갔다.

할아버지와 편지에 대한 일을 간추려서 말하자 교수님은 살짝 웃으며 말했다.

"어쨌든 자네가 재벌의 손자라는 건 전혀 몰랐네. 할아버지의 편지에 이끌려 여행을 떠났다니, 청춘이 좋긴 좋네. 이미 사무 처리도 끝났으니, 이것은 여행을 다시 떠나라는 계시일지도 몰라. 본 보야지(Bon voyage, 좋은 여행 되게). 간사이로 본 보야지."

교수는 내 말을 농담으로 듣고는 큰 소리로 웃으며 방을 나갔다.

이렇게 해서 나는 '계속 머물러 있을 선택지'를 잃었다.

그렇다면 앞으로 나갈 수밖에 없다.

후퇴하려고 해도 다리는 이미 끊겨버렸다.

◆ ◆ ◆

그날부터는 여행 경비를 모으기 위해 전력으로 아르바이트에 매진했다. 친구들은 모두 개강 파티나 동아리 모임으로 바빠서 휴학하고 해외로 가려고 하는 나 따위는 잊은 듯했다. 같이 술 마시자는 전화도 오지 않았다.

8주 동안 쉬지 않고, 술도 마시지 않고 아르바이트에 매진하자 목표했던 돈이 모아졌다.

좋아, 이제 다시 여행을 떠나자.

교토로 가는 신칸센 열차 안에서 앞으로의 일을 생각했다.

두 번 연속 일어나는 교토라는 우연에 이끌려 신칸센 열차를 탔지만, 왜 하필 교토일까. 그 물음에는 답이 보이지 않았다.

교토, 교토라…… 교토에 누구 아는 사람 없을까?

친척은 몇 명 있지만, 할아버지와 관계 깊은 사람은 없을까?

그때 내 옆의 창가 자리에 앉은 사람이 창문 블라인드를 열었다.

그러자 창문 밖으로 큰 '절'이 보였다.

'절'을 본 순간 번뜩 생각이 났다.

"맞아, 그 사람이 있었지!"

그는 절의 주지스님이었다. 젊은 시절 할아버지와 중국에서 만났으니까 분명 할아버지와 오랜 친구 사이일 것이다.

초등학교 5~6학년 무렵에 할아버지와 함께 교토의 절에 간 적이 있었다.

나는 교토역에서 열차를 내려 고베 집에 전화했다. 전화를 받은 여동생은 귀찮은 듯이 말했다.

"오빠, 또 무슨 일이야? 탐정 일이라도 하는 거야? 내가 무슨 오빠 비서인 줄 알아? 적당히 좀 해."

또 화내고 있다. 나에게는 여자를 화나게 만드는 특수 인자가 있는지도 몰랐다.

사실은 할아버지에 대해, 여행에 대해 전부 설명하고 싶었지만 어떻게 말을 꺼내야 할지 몰라 그냥 고맙다고만 말했다. 그리고 교토에 있는 절에 들렀다가 고베 집으로 갈 거라고 했다.

아버지와 만나 차근차근 이야기하고 싶었다.

교토역에서 30분 정도 전철을 타고 동생이 알려준 주소로 찾아가자 낯익은 풍경이 눈앞에 펼쳐졌다.

갑작스런 방문에도 불구하고 주지스님인 도쿠야마 씨는 내가 사토 다이조의 손자라는 사실을 알자 매우 기뻐하며 안으로 들어가 차를 내주었다.

"자네가 케이로군. 정말 많이 컸네. 자네 이름을 지을 때 할아버지와 함께 엄청 고심했었어. 그게 벌써 20년 전의 일이라니. 그런데 왜 케이라는 이름이 됐는지 혹시 알고 있니?"

"할아버지가 제 이름을 지어주셨다는 건 알고 있지만 왜 케이가 됐는지는 모르겠어요."

"다이조는 자네가 누군가를 존경하는 사람이 되기를 바랐어(존경하다(敬う)의 '敬'을 일본어 음으로 '케이'라고 부른다.-옮긴이). 그것이 인생에서 가장 중요하다고 말했지. 정말 기분 좋구나. 20년이 지나 이름대로 사람에게 경의를 표하는 사람이 되었으니까 말이야."

"아닙니다. 아직 그렇게 되려면 멀었어요. 할아버지가 내 이름을 짓는 데 그렇게 고심하셨다니 감동이네요."

그렇게 말하면서도 할아버지와 아버지는 나에게 왜 그런 얘기를 해주지 않았는지 의아했다. 3대째 이어진 '가까운 사람에게는 말주변이 없는' 가통을 저주하면서도 표현에 서투른 할아버지와 아버지에게 조금은 친근감을 느꼈다.

나는 정신을 차리고 교토에 온 이유에 대해 설명했다.

할아버지의 편지인 〈우연〉, 〈결단〉, 〈직감〉, 〈행동〉을 보여주면서 내가 어떻게 편지를 읽게 됐는지, 그리고 지금까지 어떤 여행을 다녔는지 짧게 말했다.

"편지라. 녀석도 참 재미있는 생각을 했네. 원래 편지 쓰기를 좋아하긴 했지만. 우연, 결단, 직감, 행동 모두 다 중요하지. 그런 편지에 이끌려 날 만나러 와줬다니, 정말 기쁘구나. 다인(茶人)인 센노 리큐(千利休)는 인생의 만남을 '일기일회(一期一會)'라는 말로 표현했지. 불교에서 '일기(一期)'란 태어나서 죽을 때까지를 말해. 즉 일기일회란 평생에 단 한 번뿐인 만남을 소중히 하라는 뜻이지."

"저는 앞으로도 우연과 직감을 따라 여행을 하려고 해요. 나에게 무언가 힌트를 주는 사람을 만나면 내 미래는 바뀔 거예요. 물론 제 결단도 필요하고요. 그러한 사실을 아는 것만으로도 가슴이 두근거려요. 저는 우연과 직감에 이끌려 여기에 왔어요. 그런데 도쿠야마 씨는 할아버지와 어떤 인연이 있었나요?"

"우리의 인연은 정말로 깊지. 내가 다이조를 처음 만난 건 상하이에서야. 이미 수십 년 전의 일이지. 60년도 더 됐으니까, 오래되고 오래된 이야기라네. 우리는 상하이에서 같이 많은 것을 배웠다네. 젊었을 때 나는 마음의 평화에, 자네 할아버지는 경제 평화에 공헌하자고 말했지."

"할아버지의 젊었을 적 이야기를 듣고 싶어요. 할아버지의 젊은 시절을 알면 내 미래가 보일 것만 같거든요."

"그는 여러 의미에서 파격적인 사람이었어. 열세 살 때 고아가 되었고, 열다섯 살 때 혈혈단신으로 상하이에 왔지. 상하이에 와서는 상점가에서 일했어. 중국어, 영어, 러시아어, 태국어를 구사하며 몇 번의 고비를 거친 후 대성공했으니까 파격적이라고 말해도 과언은 아니지. 다이조는 아시아 사람들끼리 친구가 돼야 평화가 이루어질 거라고 말했다네. 그래서 사람들과 나누는 교류를 중요하게 생각했지. 그리고 꼭 부자가 돼서 재단을 만들겠다고도 했어. 젊은 사람들이 교류해 친구가 되면 그 우정은 몇 십 년이나 꽃 피우게 되니, 시간이 걸리더라도 백 년 앞을 내다보고 달리겠다고 결심했지. 그러면 자신이 심은 묘목이 전 세계에서 자랄 거라면서 말이야. 그리고 정말 대단하게도 자신이 말한 것을 다 이뤘지. 다이조만큼 자신이 한 말을 지키는 남자도 없을 거야. 그는 다방면으로 엄청난 금액을 기부했으니까 말이야. 그래서 그의 장례식이 매우 성대했던 거라네. 그만큼 많은 사람이 모인 장례식은 처음이었어."

나는 그 장례식에 가지 않았기 때문에 죄의식을 느꼈다. 동시에 할아버지에 대해 잘 알지 못했던 내가 조금은 부끄러웠다.

대충 짐작은 하고 있었지만, 할아버지는 정말 대단한 사람이었다.

그런 생각에 잠겨 있는 나에게 도쿠야마 씨는 날카로운 눈빛으로 질문했다.

"그런데 케이는 지금까지 무엇을 결정하고 어떤 행동을 했니?"

"그게, 할아버지의 편지와 오타루에 계신 사루타 씨의 가르침을 받고 '최고의 인생을 살자'고 결심했어요. 그런데 그 후에는 아르바이트를 하느라……, 하지만 이대로는 안 될 것 같아서 교토에 온 거예요."

"그것뿐이야?"

"네."

"솔직하게 말해줘서 고맙구나. 케이는 내 절친한 친구의 손자야."

도쿠야마 씨는 그렇게 말하며 조용히 눈을 감았다.

"케이, 앞으로는 그렇게 어영부영해서는 안 돼."

"……?"

"그건 말이야, 행동이 충분하지 않기 때문이야. 마음으로 결심만 하면 아무것도 변하지 않아! 왜 행동을 하지 않았나? 이런저런 핑계를 대면서 움직이지 않으면 앞으로 나아갈 수가 없어. 무슨 뜻인지 알겠나?"

도쿠야마 씨는 그렇게 큰 소리로 말한 후 이번에는 나를 노려봤다.

표정은 매우 무서웠지만 눈빛만큼은 누구보다 자상했다.

엄격함과 애정이 섞인, 잘못을 추궁하는 눈빛에 나는 왈칵 눈물이 쏟아질 것 같았다. 이런 식으로 누군가에게 혼난 적은 없었다. 아버지에게도, 선생님에게도.

"이 세상에는 두 종류의 사람이 있어. 소중한 인생을 위해 행동하는 사람과 행동하지 않는 사람이지. 꿈이 소중하다는 것을 알면서도 쉽게 포기하고 도전하지 않는 사람이 있다네. 건강이 중요하다는 것을 알지만 폭음 폭식을 하며 건강을 해치는 사람도 있지. 그리고 가족이 중요하다는 것을 알지만 가족을 방치하는 사람도 적지 않아. 왜 그렇다고 생각하나?"

"머리로는 알고 있지만 행동을 하지 않기 때문이에요."

"그럼 행동하지 않는 이유는 뭘까? 그건 열정이 부족해서이기도 하지만 가슴 뛰는 목표가 없기 때문이기도 해."

"그럴지도 모르겠네요. 머리로만 생각하고 있으니까요."

"확실한 목표가 없으면 행동도 일으킬 수 없지. 그래서 지금 당장 행동을 일으킬 수 없다면 목표를 바꾸는 게 좋아. 하지만 갑자기 목표를 바꾸려고 하면 명확한 목표가 떠오르지 않을 거야. 그럴 때 '열 가지 목표'를 생각해낸 후에 종이에 적어보는 거야. 그러면 그것이 계기가 되어 현실이 움직이기 시작하지."

"무슨 말씀인지 조금 더 자세히 설명해주세요."

"목표에는 '지극히 현실적인 것'과 '추상적인 것'이 있지. 따라서 직접 행동해본 후에 아니다 싶으면 바꾸면 되는 거야. 즉 목표에 너무 얽매여도 안 된다는 뜻이지. 의외라고 생각할지도 모르겠지만, 성공하는 사람들은 도중에 목표를 몇 번이나 바꿔나간다네. 그리고 실제로 행동할 때는 우선순위를 잘 생각하는 것이 중요해. 총알을 마구잡이로 날린다고 해서 명사수가 되는 건 아니잖나. 뭐든지 잘 생각하고 행동해야지."

"한편 반대의 이야기도 있지. 흐름이 나와 맞지 않을 때는 움직이지 말고 기다려야 해. 슬럼프에 빠지는 정체기는 누구에게나 있는 거야. 언제까지나 승승장구하는 인생은 비현실적이라고 생각하지 않나? 일이 잘 풀리지 않을 때는 일단 쉬면서 기분 전환을 하는 것도 하나의 방법이지. 그럴 때는 우연과 직감의 흐름에 몸을 맡기는 게 좋아. 사실 정체기일 때 만나는 사람이 인생을 바꿔주는 경우가 많거든."

도쿠야마 씨는 그렇게 말한 후 매우 만족스러운 듯이 미소 지었다.

나는 사루타 씨와는 또 다른, 도쿠야마 씨의 박력 있는 가르침에 감동했다.

◆ ◆ ◆

현관에서 도쿠야마 씨에게 감사 인사를 전할 때 문득 중요한 것이 생각났다.

그렇다. 얼마 전 사루타 씨를 만났을 때 그는 내가 다음에 만나야 할 사람을 소개해줬었다. 나는 그것을 완전히 잊고 있었다.

이번에는 같은 실수를 반복해서는 안 되었기에 나는 도쿠야마 씨에게 머뭇머뭇 물어봤다.

"앞으로도 계속 할아버지와 인연이 있는 분을 만나보고 싶어요. 제가 다음으로 만나야 할 사람을 소개해주실 수 있나요?"

"그러면, 방콕에 있는 다이조의 친구를 만나보겠나? 그들은 한 시기를 함께 보낸 사이이기 때문에 사실 친형제나 다름없어. 다이조에게는 나와 태국 친구 그리고 또 한 명의 친구가 있었다네. 우리 넷은 아주 마음이 잘 맞았지. 우리는 세계의 미래 모습에 대해 매일 밤 대화를 나눴어. 어떤 날은 인도의 콜카타에서, 또 어떤 날은 태국의 방콕이나 치앙마이에서. 대부분 싸구려 여인숙이나 찻집에 모여 대화를 나눴지만, 우리는 밤늦게까지 토론을 즐겼지. 그 네 명 중 두 명은 돈과 비즈니스의 세계로, 나머지 두 명은 정신적인 세계로 떠났지만 각각 훌륭한 인생을 보내고 있는 것만은 사실이야. 그는 지금 태국에서 큰 사업가가 됐네. 돈과 일 그리고 인생에 대해서 가르쳐줄 테니, 자네에게 딱 맞을 거야. 케이, 앞으로 해외에 가고 싶다고 했나?"

"네, 해외로 나가고 싶어요."

"그렇다면 태국에 있는 그를 꼭 한번 만나봐. 그를 만나면 자네 안에 복잡하게 얽혀 있던 실타래가 조금은 풀릴 거야. 옛날에 다이조가 나에게 울면서 매달린 적이 있었어. 그러나 나는 그녀석의 부탁을 들어줄 수가 없었지. 내가 할 수 없는 일이었거든. 케이가 이렇게 날 찾아와 함께 이야기할 수 있어서 마음이 조금은 후련하구나. 다이조에게 진 빚을 갚은 느낌이야. 대단히 고맙네."

무엇이 고맙다는 건지 알 수는 없었지만 어쨌든 기분은 좋았다.

도쿠야마 씨는 그렇게 말하면서 할아버지와 친했다는 태국인 사업가의 이름과 사무실 주소를 종이에 적어주었다. 이것으로 다음으로 가야 할 곳을 알 수 있게 됐다. 태국의 수도인 방콕이다.

방콕에 가본 적은 없지만 왠지 가슴이 두근거렸다.

영어는 통할까…….

돌아갈 때 나는 도쿠야마 씨에게 몇 번이나 감사 인사를 전하며 절을 나왔다.

도쿠야마 씨와 그의 부인도 내 모습이 보이지 않을 때까지 손을 흔들어주었다.

교토에서 고베로 향하는 신칸센 열차 안에서 나는 공책에 '목표'를 적기 시작했다.

❶ 최고의 인생을 살아갈 것

❷ 우연과 직감을 따라 행동할 것

❸ 할아버지의 인생을 아는 오랜 친구를 만날 것

❹ 해외로 가서 최고의 사람에게 배울 것

❺ 인생의 비밀을 찾을 것

❻ 항상 가슴 뛰는 일을 선택할 것

❼ 내 직업의 힌트를 찾을 것

도쿠야마 씨가 말한 대로 '열 가지 목표'를 다 쓸 수는 없었지만 일곱 가지 정도는 쓸 수 있었다.

좋아, 이제부터 다시 시작해보자.

◆ ◆ ◆

도쿄로 돌아가기 전, 고베에 있는 본가에 잠시 들렀다. 그러나 나 때문에 아버지와 말싸움이 오고 갔고, 가족 셋이서 먹게 된 오붓한 저녁식사는 망쳐버리고 말았다.

나는 모처럼 아버지에게 할아버지에 대해 물어보고 싶었지만 안타깝게도 묻지 못했다.

여자친구인 에미에게도 방콕으로 가겠다는 말을 전해야만 한다. 과연 이해해줄까?

오랜만의 데이트에서 야심차게 준비한 저녁식사는 순조롭게 진행됐다.

사루타 씨를 보고 웃음이 터질 뻔한 일과 가족 저녁식사를 망쳐버린 일에 대해서는 에미도 나를 동정해주었다.

좋아, 이때다.

슬슬 이야기를 꺼내도 좋겠다는 생각이 들어 나는 에미에게 방콕으로 떠날 생각이라고 말했다.

"그래서 나 태국 방콕에 가려고."

"응? 갑자기? 그렇게 일방적으로 통보하면 어떻게 해? 넌 항상 네 마음대로지. 나한테 물어본다든가 같이 생각해본다든가 그런 생각은 안 해봤어?"

생각지도 못한 전개였다. 나는 역시 상대방의 기분 따위는 안중에도 없는, 그저 내가 하고 싶은 대로 하는 그런 놈인 걸까…….

이러면 아버지와 다를 게 하나도 없다. 나는 무슨 말이라도 해야 한다는 것을 잘 알고 있었지만, 정작 중요할 때는 항상 좋은 말이 떠오르지 않았다.

이번에도 적당한 말을 찾지 못해 입을 다물고 있자 에미는 레스토랑에 있는 모든 사람들이 들을 만큼 큰 소리로 말했다.

"오늘로 우리도 끝이야. 방콕이든 남극이든 네 마음대로 떠나. 그리고 돌아오지 마. 나도 너 안 기다릴 거야! 잘 가."

에미는 노발대발 화를 내며 자리에서 일어나 문을 열고 가게를 나가버렸다.

그녀가 자리에서 일어난 반동으로 테이블 위에 있던 와인잔이 쨍그랑 하고 아름다운 소리를 내며 엎어졌다. 새빨간 와인이 하얀 테이블보와 하얀 내 티셔츠를 빨갛게 물들였다. 그것은 마치 칼에 찔린 모습 같았다.

뒤늦게 나온 디저트 2인분을 혼자 쓸쓸히 먹으면서 생각난 것이 있었다.

"케이, 꼭 기억해. 사토 집안 남자는 여자와 인연이 없어."

할아버지는 농담처럼, 하지만 쓸쓸하게 이렇게 말했었다.

나는 지금 한숨만 나올 뿐이다.

그날 밤, 격하게 침울해진 나는 할아버지의 다음 편지를 읽어볼 생각이었다. 편지를 읽으면 할아버지와 대화하는 기분이 들어 마음이 조금은 풀릴 것만 같았다.

그러나 다음 편지는 해외에서 읽으라는 할아버지의 말이 떠올라 편지 봉투를 열 수 없었다.

해외로 나가지 않으면 평생 다음 편지를 읽지 못할지도 몰라.

역시 할아버지는 내가 '행동력'을 일으킬 방법을 생각한 거야.

나는 한숨을 몇 번 쉰 후 '꼭 해외로 나가자!' 결의를 다잡았다.

교토와 고베에 가기 전 아르바이트에 매진한 덕분에 해외로 나갈 비행기 값과 체류비는 준비되어 있었다.

다행히도 학교에 휴학계도 냈고(반은 타의였지만), 여자친구와도 헤어졌다.

더 이상 내 발목을 잡는 것은 아무것도 없었다.

에미에게는 해외에 나가 편지를 보내면 될 것 같았다.

편지 하나로 용서해줄지는 모르겠지만, 그렇게 생각하는 편이 마음 편했다.

어쨌든 지금은 앞으로 나갈 '행동'을 해보고 싶었다.

할아버지의 삶을 이해하면 내 미래의 힌트가 보일 것만 같았다.

아니, 힌트가 보일 거라는 '깊은 확신'이 있었다.

여행을 떠나자!

미지의 세계, 태국 방콕으로!

◆ ◆ ◆

일본에서 약 4,600킬로미터 떨어진 이국땅.

'방콕 국제공항'에 도착하자 남쪽 특유의 따뜻한 바람이 나를 맞이해주었다. 그곳은 일본과는 또 다른 세계였다.

낯선 외국 공항에 내려도 무섭지 않은 이유는 지금까지 여러 나라를 다녀본 덕분이었다.

어렸을 때 아버지의 연구 때문에 가족이 몇 년간 해외에 머문 적이 있었다. 그리고 도쿄에 있는 요코하마에도 잠시 산 적이 있어서 나는 영어와 표준어를 그럭저럭 구사할 수 있었다. 그러나 고향인 고베에 살 때는 그 점을 숨겼었다. 덕분에 영어 회화 시간에는 편했다. 어렸을 때의 경험이 이런 식으로 도움이 되다니. 그 부분은 아버지에게 감사했다.

도쿠야마 씨가 알려준 주소를 따라가자 방콕 오피스 거리 중에서도 가장 화려한 고층 빌딩이 나왔다. 그곳의 최상층이 할아버지 친구의 사무실이었다. 빌딩 최상층에 도착하자 여배우처럼 아름다운 태국 미인 두 명이 안내데스크를 지키고 있었다. 나는 몹시 떨렸지만 사장님을 만나고 싶다고 단도직입적으로 말했다.

나는 지금까지 여러 '우연과 직감'을 따라 만나고 싶은 사람을 어렵지 않게 만날 수 있었다. 따라서 이번에도 쉽게 만남이 성사될 거라 생각했다.

그러나 안내데스크에 있는 여성은 상냥하게 웃으면서 오늘은 안 된다고 거절했다. 그 말을 들었을 때 나는 내가 너무 가벼운 마음으로 태국에 왔다는 사실을 깨달았다.

사루타 씨는 말하자면 은퇴한 할아버지이고, 도쿠야마 씨는 절의 주지스님이다. 쉽게 만날 수 있는 게 당연한 사람들이었다.

그러나 여기는 외국이고, 상대는 대기업의 오너다. 그리고 안

내 데스크의 여성은 내가 누군지 모를 게 뻔했다. 그 여성은 '뭐야, 이 외국인 꼬마는?'이라고 생각할 게 분명했다.

"회장님은 지금 해외 출장 중이라 당분간 사무실에 안 나오십니다" 하고 비즈니스적인 말투로 말했다.

"언제 돌아오시나요?" 내가 묻자 "돌아오시더라도 치앙마이에 있는 자택에 머무는 경우가 많아 여기에는 자주 오시지 않습니다"라고 웃으며 대답했다.

"치, 치앙마이요?"

"네, 치앙마이는 방콕에서 비행기로 한 시간쯤 걸리는 태국 북부에 있는 도시예요."

차가운 말투였다. 역시. 아무리 웃는 얼굴로 물어도 소용없었다. 나는 짧게 감사의 말을 전하고 도망치듯이 그곳에서 나왔다.

나는 우선 근처 카페로 들어갔다. 커피를 마시면서 현재 상태에 대해 냉정하게 생각해봤다.

'우연과 직감을 따라 행동하면 모든 일이 해결된다'는 안이한 생각으로 아무런 약속도 없이 방콕까지 온 내가 미웠다. 이것은 어쩌면 당연한 일일지도 몰랐다.

내 망상 속에서는 VIP 대접을 받으며 대저택으로 초대받을 줄 알았다. "편히 쉬다 가렴. 다이조의 손자면 내 손자이기도 하니까."라고 상냥하게 말하며 모든 것을 다 가르쳐줄 줄 알았다.

이렇게 생각한 내가 너무 어리석었다.

주변의 이국적인 풍경을 봐도 한숨만 나왔다.

다음 '우연'이 무엇을 일으킬지 기대하면서 몇 시간이나 거리를 걸었지만 다리만 아플 뿐 어떠한 '싱크로니시티(우연의 일치)'도 일어나지 않았다.

이것이 '싱크로니시티에는 파도가 있다'는 것일까. 그러면 나는 지금 '정체기'와 '잘못된 길' 중 어느 쪽에 서 있는 걸까.

지금까지는 순조로웠는데.

하는 수 없이 나는 노선을 변경해 우선 오늘 밤 잘 곳을 찾기로 했다.

이왕 왔으니 방콕에 잠시 머무를 생각이었다.

많은 사람들에게 물어 전 세계 배낭여행자들의 성지라고 불리는 '카오산 거리'에 있는 싼 숙소를 찾았다. 방콕 중심지에서 조금 떨어진 지역이지만 영화 한 편 값만큼 싼 숙소였기 때문에 배낭여행자에게는 고마운 곳이었다.

잘 곳이 확보되자 조금은 마음이 놓였다.

짐을 놓고 샤워를 한 후 정신을 가다듬기 위해 근처 카페로 향했다.

이번 대실패로 배운 것.

항상 '잘 생각한 후에 행동'할 것.

이건 며칠 전에 도쿠야마 씨가 한 말이었다.

그런 당연한 것도 하지 못했다니…….

나는 부끄러움에 고개를 떨궜다. 그리고 오늘 일을 평생 가슴에 새기자고 다짐했다.

지금의 상태를 공책에 적어보니 나에게 그다지 선택지가 없다는 것을 알게 됐다.

❶ 포기하고 도쿄로 돌아간다.

❷ 방콕에서 기회를 엿본다.

❸ 우선 치앙마이로 가본다.

여기까지 와서 아무것도 하지 않고 도쿄로 돌아갈 수는 없었다. 그러나 방콕에 있어도 그가 사무실에 오지 않으면 아무 의미가 없다. 그럼 치앙마이로 가야 하는 걸까.

지금이야말로 〈다음 편지〉를 읽을 타이밍일지도 모른다.

아니, 그렇게 쉽게 편지에 의존하면 안 돼.

공책에 적은 선택지를 보며 끙끙거리고 있는데 옆자리에 앉은 붙임성 좋은 미국인이 말을 걸어왔다.

그것이 마이크와의 첫 만남이었다. 이 '우연의 만남'이 내 운명을 바꿔줄 거라는 것을 그때는 알지 못했다.

마이크는 몸집만큼이나 목소리도 큰 미국인으로, 시원스럽게 웃는 모습이 매력적이었다. 그 따뜻하고 시원한 분위기가 그의 인품을 대변해주었다.

처음에는 어디서 왔냐는 등의 시시한 이야기를 주고받았지만, 마이크의 스스럼없는 성격 덕분에 이야기는 점점 깊어져갔다. 대낮이었던 카페에 어느샌가 오렌지 빛 석양이 들어와 나와 마이크는 술을 주문했다.

'마음이 맞는다'는 말은 이럴 때 쓰는 것 같았다. 우리는 몇 시간이나 이야기를 나눴지만 화제가 전혀 끊이지 않았다.

그는 대학교를 휴학한 후 '자아찾기 여행'을 하고 있는 중이라고 했다. 그 여행을 떠난 지 벌써 1년 반이 되었다고도 했다.

그런 의미에서 그는 '자아찾기' 선배였다.

"마이크, 나도 세계를 돌아다닐 생각이야. 그런데 나도 무언가를 발견할 수 있을까?"

"케이, 말해두겠는데 자아찾기 따위는 그만두는 게 좋아. '진짜 나'는 유럽의 시골 마을이나 인도의 길에서 찾는 게 아니야. 지금 여기서 찾지 못하면 세계 어디를 돌아도 찾지 못할 거야. **'진짜 나'는 마음속에 있어. 하지만 '진짜 나'와 만나려면 여행을 떠나야 하지. 그러니까 역시 여행을 떠나야만 행동할 수 있는 거야. 내 말 무슨 뜻인지 알겠지?"**

"응? 그게 뭐야? 그래서 네 여행은 어땠는데?"

"유럽을 돌아다닐 때까지만 해도 좋았었지. 그리고 인도에서는 명상에 빠져 그곳에 잠시 머물렀었고. 뭐, 이렇게 저렇게 해서 방콕까지 왔지만 얼마 전까진 술에 취해 헤롱대고 있었어. 나 여행을 시작하면서 살이 20킬로그램이나 빠졌어."

"살 빠지면 좋은 거 아니야?"

"하하하, 그럴지도 모르지. 케이처럼 말이 잘 통하는 사람은 태어나서 처음이야. 뭔가가 느껴져. 우리는 만나야 했기 때문에 만난 거야. 너는 나의 단 하나의 절친이야."

이렇게 말하며 마이크는 큰 소리로 웃었다.

할아버지도 몇 십 년 전, 방콕의 싸구려 숙소와 카페에서 절친한 친구들과 이런 느낌으로 즐겁게 대화했을까. 절친한 친구는커녕 아는 친구도 별로 없는 나에게 절친이라는 말은 매우 기분 좋게 울려 퍼졌다. 나는 마이크의 절친이 되어 한없이 기뻤다.

"나는 여자친구를 위해서라면 모든 걸 버려도 좋다고 생각해. 술을 완전히 끊을 수 있었던 것도 여자친구 덕분이야. 전 세계를 여행하면서 깨달은 사실이 있어. 그것은 '인생은 사랑이 전부다'라는 거야. 나를 다시 일으켜준 여자친구를 위해서라면 난 죽을 수도 있어. 내 목숨을 다 바쳐도 좋아!"

"누군가를 그렇게까지 사랑하다니 대단한데, 마이크. 널 진심으로 존경해. 분명 네 여자친구도 멋진 사람일 거야. 그런데 여자친구는 어디에 살아?"

"태국 북부의 치앙마이. 나는 치앙마이에서 새 출발을 했어! 케이도 함께 가자, 치앙마이로."

설마…….

"치앙마이에서 새 출발을 했다고?"

온몸에 소름이 돋았다.

이런 식으로 싱크로니시티가 돌아오는 걸까.

그래, 이거야!

술에 취해 기분이 좋아진 나는 일어서면서 일본어로 외쳤다.

"가자! 치앙마이로. 나도 치앙마이에서 인생을 바꿀래!"

다시 싱크로니시티의 스위치에 불이 들어왔다!

그럼 이제부터 다시 시작해보자!

도쿠야마 씨가 한 말이 떠올랐다.

"흐름이 나와 맞지 않을 때는 움직이지 말고 기다려야 해. 사실 정체기일 때 만나는 사람이 인생을 바꿔주는 경우가 많거든."

마이크와의 만남이 바로 이거였다.

일본어를 모르는 마이크도 나와 함께 큰 소리로 외쳤다. 우리 둘은 하이파이브를 하며 껴안았다. 얼근히 취한 탓에 기분이 좋아진 나는 방콕의 카오산 거리를 걸으며 몇 번이나 몇 번이나 승리의 포즈를 취했다.

◆　◆　◆

다음 날 우리는 숙취가 덜 깬 몸을 이끌고 아침 일찍 방콕 시내로 갔다. 흔들리는 버스를 타고 열 시간이나 가야 치앙마이가 있었다. 빌딩들이 늘어선 대도시 방콕을 빠져나가자 곧 전원 풍경이 펼쳐졌고 아름다운 농촌의 공기가 느껴졌다. 나는 태국이 더욱더 좋아졌다.

이동시간은 열 시간이나 됐다. 숙취 때문인지 마이크는 몇 마디 말한 후 곧바로 잠들어 버렸다.

거기서 나는 '다음 편지는 해외에서 읽어라'라는 할아버지의 약속대로 조용히 다음 편지를 열었다.

Part 05

다섯 번째

편지:

돈 Money

영국의 전 총리인 윈스턴 처칠은 "돈을 잃는 것은 사소한 것이고, 명예를 잃는 것은 중대한 것이다. 그러나 용기를 잃는 것은 전부를 잃는 것이다."[6] 라고 말했다.

이렇듯 용기만 있으면, 또한 인망만 있으면 '돈'은 아무래도 상관없단다. 나는 많은 경험을 통해 이 사실을 알게 되었지.

그러나 돈에는 많은 힘이 있어. 이것 또한 부정할 수 없는 사실이야.

돈에 대해 잘 모르면 하고 싶은 일에 제약이 생기고, 감정에 휘둘리게 되고, 행복을 놓치게 돼.

그래서 〈다섯 번째 편지〉에서는 돈에 대해 중요한 것을 너에게 알려줄 생각이다.

지금 생각하면 그리움만 남지만, 나는 돈에 관해서는 실패투성이였단다.

최근 20년 동안은 돈 걱정 없이 살았지만, 그전까지만 해도 나는 매일 돈 때문에 괴로워했단다.

너도 알고 있듯이 나는 사업에 성공했다. 그래서 다른 사람 눈에는 내가 '부자'처럼 보였겠지.

하지만 실제로는 사업 규모가 커지면 커질수록 자금 융통에 더 많은 압박을 받았어. 수입도 지출도 자릿수만 커졌을 뿐 초조하고 불안한 건 이전과 마찬가지였지.

재벌이라고 불리는 내가 한평생 돈 걱정을 했다면 믿어지지 않을 거다.

그래서 내 경험을 바탕으로 너에게 해줄 말이 있다.

'돈의 정체'에 대해서 말이야.

❶ 돈에는 '힘'만 있을 뿐 선악은 없다.
❷ 돈은 '신뢰'해야 그 가치가 완성된다.
❸ '돈과 마주하는 방법'은 선택할 수 있다.

그럼, 하나씩 설명해보마.

1 돈에는 '힘'만 있을 뿐 선악은 없다

돈이란 '힘'이란다. 돈은 마치 살아 있는 것처럼 다양한 것으로 변해. 물건으로 변하기도 하고 때로는 행복으로 변하기도 하지.

하지만 돈은 '선악'을 구별하지 못해. 그저 '강한 힘'에만 이끌릴 뿐이지.

그래서 돈은 '매우 착한 사람'에게도 다가가고 '매우 나쁜 사람'에게도 다가간단다. 유감스럽지만, 인격적으로 착한 사람에게만 돈이 가는 것은 아니야.

좋은 사람이 부자가 되면 돈은 '좋은 힘'이 되고, 나쁜 사람이 부자가 되면 돈은 '나쁜 힘'이 돼.

사랑이 충만한 사람이 부자가 되면 돈은 '사랑의 힘'이 되고, 냉정한 사람이 부자가 되면 돈은 '냉정한 힘'이 된단다.

너는 사랑을 가진 사람이 되었으면 한다. 그리고 네 '힘'을 최대한 키우면 좋겠구나. 그러면 네 돈은 '사랑의 힘'이 커질 테고, 넌 '행복한 부자'가 될 테니 말이다.

2 돈은 '신뢰'해야 그 가치가 완성된다

돈이라는 것은 '신뢰'해야 그 효력이 발휘된단다. 사람들이 돈을 믿지 않으면 그것은 '종잇조각'이 돼버리지.

국가가 빚을 상환하지 않아 '채무불이행(디폴트, default)'이 일어나는 경우도 있고, 전쟁 때문에 돈이 '종잇조각'으로 바뀌는 경우도 있단다.

이런 일이 일어나지 않도록 바라야 하지만, 전 세계를 둘러보면 돈이 '종잇조각'으로 바뀔 우려가 있는 나라는 얼마든지 많이 있지.

너에게는 돈에 대해서뿐만 아니라 '돈을 왜 신뢰해야 하는지' 그 이유에 대해서도 가르쳐주고 싶다.

'버블 역사'도 함께 공부하면 좋겠구나. 네덜란드의 튤립 버블 때부터 사람들은 이상한 것에 열광하기 시작했어.

하지만 비상하게 가치가 높은 것은 '모두 환상'이라는 점을 꼭 기억해두길 바란다.

3 '돈과 마주하는 방법'은 선택할 수 있다

따라서 돈은 '인생에서 가장 중요한 것'이 아니란다.

하지만 인생을 즐겁게 살기 위해서는 돈을 소중히 다뤄야 해.

나는 '돈에 방해받지 않는 인생'이 가장 중요하다고 생각했단다.

돈 자체가 인생을 행복하게 만들어주지는 않지만, 돈이 없으면 인생이 불편해지는 것이 사실이야.

말할 것도 없이 돈은 인생을 좌우한단다.

사람들은 이 사실을 잘 알고 있지만, 돈에 대해서는 진지하게 생각하지 않아. 왜 그런 줄 아니?

그것은 '돈과 마주하는 것이 두렵기' 때문이란다. 하지만 돈과 마주하지 않으면 돈과 사귈 수 없게 돼.

돈만 쫓으면 보잘것없는 인생이 되지만, 돈과 마주하지 않으면 그보다 더 큰 대가를 치르게 된단다. 즉 한평생 돈에 휘둘리게 되는 거지. 그러면 사고 싶은 게 많아지고, 결국 돈이 부족하다며 매일 불만을 갖게 될 거란다.

그러면 부자가 되면 돈에서 자유로워질까?

꼭 그렇지만도 않아. 왜냐하면 돈이 있어도 그것이 언제 사라질지 몰라 전전긍긍하게 되기 때문이야.

돈에서 자유로워지기 위해서는 '돈과 행복은 관계없다'는 사실을 알아야 해.

그 사실을 알기 위해서도 돈과 제대로 마주해야 되는 거지.

그리고 누군가를 행복하게 해주는 것이 마음의 가장 좋은 '양식'이란다. 이 사실을 꼭 실감해야 해.

누군가를 행복하게 해줄 때마다 '내 그릇'이 커지고, 돈에서 자유로워질 거야.

이렇듯 돈과 잘 사귄 후에 돈과 거리를 맞추는 것이 중요하단다.

돈을 알면 돈에 집착하지 않는 삶을 선택할 수 있지.

이를테면 귀농이라는 선택지가 있어. 시골에 가서 자급자족으로 생활하다 보면 현금을 거의 쓰지 않아 돈에 휘둘리지 않게 될 게다.

지금은 행복을 실현하기 위해 귀농을 선택하는 사람들이 많이 있단다.

네 아버지도 대학 연구에만 몰두하지 돈에는 관심이 없지 않니. 그것도 나름대로 행복한 인생이란다.

혹시 존 데이비슨 록펠러라는 사람을 알고 있니?

미국의 '석유왕'으로, 한때는 '세계에서 가장 큰 부자'라고 불리던 인물이란다.

그는 가난한 집안에서 태어났지만, 술도 담배도 전혀 하지 않고 성실하게 일만 했지.

록펠러는 '돈과 거리감'을 아주 잘 맞춘 사람이라고 할 수 있어. 신앙심이 깊은 그는 여섯 살 때부터 수입의 10분의 1을 교회에 기부하는 '십일조 헌금'을 한 번도 거르지 않았단다.

그는 역사상 최고의 자선가이기도 했어. 록펠러가 개인 자산으로 기부한 총액은 5억 달러가 넘는다고 하는구나.

그리고 그는 이런 말도 남겼지.

"나는 수백만 달러를 벌었지만, 그 돈은 나에게 행복을 안겨다주지 않았다."[7]

이것은 '돈이 인생을 행복하게 해주지 않는다'는 것을 증명하는 말이란다.

나는 그의 삶이 '돈과 마주한 후에 돈과 거리를 맞춘' 표본이라고 생각해.

네가 만약 돈에서 자유로워졌다면, 이번에는 인연이 있는 사람들을 자유롭게 만들어주렴.

그러면 그 사람들도 더 이상 돈을 쫓지 않게 될 거란다.

그것이 '진짜 자유'야.

네가 돈에서 자유로워지길 마음속으로 응원하겠다. 너라면 분명 잘할 수 있을 거야. 그리고 돈에서 자유로워졌다면 이번에는 다른 사람을 돈에서 해방시켜주렴.

너희들에게 돈을 남겨주지 않은 이유도 '스스로 돈 버는 즐거움'을 안겨주고 싶어서였단다.

'자신의 재능을 발견하고, 능력을 키우고, 가슴 설레며 돈 버는 것'은 인생에서 가장 재미있는 것 중에 하나란다.

나는 너희들에게 그 즐거움을 맛보여 주고 싶었다. 이런 내 생각을 언젠가 너도 이해할 수 있을 거다.

그리고 나는 네가 꼭 성공할 거라 믿는다.

그럼, 행운을 비마!

마음에 뜨거운 바람이 불었다.

할아버지, 고마워요.

나는 편지를 가슴에 품었다. 그리고 할아버지에게 감사했다.

나는 지금 이 편지에 쓰인 내용을 전부 이해할 수는 없다. 그러나 앞으로 살면서 이 편지를 몇 번이나 다시 읽어볼 생각이다.

무엇보다 할아버지가 '내가 부자가 될 거라고 믿어준 것'에 감동했다.

나를 믿어준다는 사실만으로도 용기 백배였다.

나도 누군가를 자유롭게 만들어주는 '부자'가 되고 싶었다.

그러기 위해서는 우선 사람을 행복하게 해주는 일을 생각해야 했다.

어떤 일을 해서 얼마만큼의 부자가 돼야 사람을 행복하게 해줄 수 있을까.

아직 그것도 잘 몰랐다.

만약 치앙마이에서 할아버지의 친구를 만난다면 반드시 '돈'과 '일'에 대해 물어보고 싶었다.

◆ ◆ ◆

흔들리는 버스를 탄 지도 어느덧 열 시간. 드디어 치앙마이에 도착했다. 치앙마이 구시가지 부근에 있는 로이쿠로 거리에서 게스트하우스를 발견해 우리는 그곳에 머물기로 했다.

그곳은 일본 여성이 경영하는 게스트하우스로 매우 청결했다. 치앙마이에서는 점심 값 정도로 숙박을 해결할 수 있었다.

치앙마이는 방콕보다 작지만 나름대로 큰 도시였다.

13세기에 번창한 만큼 역사도 꽤 깊었다. 치앙마이는 '북방의 장미'답게 아름다운 명소도 많았다. 구시가지는 벽돌 양식의 성벽과 해자로 둘러싸여 있었는데, 한 바퀴 도는 데 10킬로미터 정도였다. 차분한 거리는 교토와 비슷했다.

치앙마이는 돈이 있는 사람에게도, 돈이 없는 사람에게도 거처를 마련해주는 아량이 큰 도시였다.

이곳은 미인이 아주 많아 '치앙마이 미인'이라는 말도 있다고 했다.

◆ ◆ ◆

이튿날 늦게 일어난 나는 마이크의 손에 이끌려 그의 여자친구를 만나러 갔다.

이 '평범한 선택'이 내 인생에 커다란 영향을 미칠 줄이야……

한낮이 지난 카페에 들어서자 두 명의 태국 여성이 생과일 주스를 마시고 있었다. 두 사람 모두 디자인이 화려한 민소매

원피스에 챙이 넓은 모자를 쓰고 있었다. 마치 영국의 귀부인 같았다.

마이크는 안의 이마에 가볍게 키스한 후에 그녀를 꼭 껴안으며 얼마나 보고 싶었는지 속삭였다. 마치 영화의 한 장면을 보고 있는 듯했다.

필연적으로 나는 노이라는, 안의 친구 옆에 앉게 됐다.

영어 실력이 뛰어난 안과 노이는 매우 지적이고 청초한 인상이었다.

그리고 무엇보다 아름다웠다!

'치앙마이 미인'이라는 말이 있다는 것은 알았지만, 설마 이 정도로 미인일 줄이야 꿈에도 생각하지 못했다. 그녀들은 모두 대학생으로, 미용을 전공하고 있다고 했다.

이런저런 이야기를 나누는 동안에 우리에게는 공통점이 많다는 사실을 알게 됐다. 그리고 모두 동갑이라는 것을 알고 난 후부터는 이야기가 더욱더 무르익어갔다.

마이크와 안, 나와 노이의 생일은 각각 일주일 차이였다.

이것도 혹시 '우연'의 힘일까?

한참 대화를 나누고 있는 동안에 어느샌가 날이 저물기 시작했다.

그리고 마이크와 안은 카페를 떠나 데이트를 하기로 했다. 마이크는 데이트를 하기 위해 치앙마이에 온 것이니까 당연하다면 당연한 것이지만, 노이와 단둘이 남겨질 생각을 하니 나는 왠지 초조해졌다.

"너희 둘도 잘 어울리는데 데이트하러 갔다 와."

이렇게 말하며 마이크는 재빨리 어딘가로 사라졌다.

농담으로 한 말이겠지만, 나는 노이의 얼굴을 보고 가슴이 두근거렸다.

그녀는 "우리도 밖에 나가자. 근처에 괜찮은 팝이 있는데, 같이 가지 않을래?"라고 말하며 노래를 부르는 듯한 목소리로 쿡쿡 웃었다.

팝에 도착해 우리는 서로 마주 보고 앉았다.

하지만 그녀를 앞에 두고도 나는 노이의 눈을 마주치지 못했다. 나는 걷잡을 수 없을 정도로 노이에게 매력을 느끼고 있었다.

'나에게는 에미가 있다. 이 여자를 좋아하면 안 된다.' 머리로는 이렇게 생각하면서도 마음은 눈앞에 있는 노이에게 완전히 빼앗기고 있었다.

'에미와는 일단 헤어졌으니까 상관없잖아!' 머리가 설득당하고 있는 듯했다.

그런 생각에 빠져 있는데 노이가 말을 꺼냈다.

"케이는 부끄러움이 많나 봐. 내 눈을 쳐다보지도 못하잖아."

"그랬나? 미안, 그럴 생각은 아니었는데."

'네가 너무 예뻐서'라는 말은 차마 꺼낼 수 없었다.

그런 오글거리는 말을 했다간 우리의 우정이 깨져버릴 것만 같았다. 그리고 나는 그런 말을 잘하는 성격도 아니었다.

분위기도 살릴 겸 일본에서 유행하는 농담을 연발하자 노이는 그 특유의 노래하는 듯한 웃음소리로 맞장구를 쳐줬다. 나는 기분이 매우 좋았다. 그녀의 웃음소리를 듣는 것만으로도 매우 행복했다.

이유는 잘 모르겠지만 어머니가 돌아가셨을 때의 이야기를 잠시 하게 됐고, 내가 지금 어떤 생각인지를 들려줬다.

"지금은 별로 생각나지도 않아"라고 강하게 말했는데 그녀는 역시 뛰어난 '직감'으로 그 말이 진심이 아니라는 것을 금방 알아챘다.

"케이, 너는 지금 어머니가 안 계셔서 외로운 거야. 모든 남자에게 엄마는 천사라는 말을 들었어. 너에게도 엄마는 무엇과도 바꿀 수 없는 사람일 거야. 너를 태어나게 해주고 맹목적으로 사랑해주었으니까 말이야."

노이는 그렇게 말한 후 내 손을 꽉 잡았다. 그것이 스위치가 되었는지, 경솔하게도 그녀 앞에서 눈물이 '주르륵' 떨어졌다.

내 눈물을 본 그녀는 손수건으로 눈물을 닦아주면서 아무 말도 하지 않고 내 감정을 받아주었다.

에미도 나에게 이렇게 해준 적은 없었다.

노이는 정말 친절한 여성이었다.

내 마음은 노이에게 완전히 빼앗겨버렸다.

시간이 얼마나 지났을까.

우리 둘은 아무 말도 하지 않고 잠시 하늘의 별을 바라봤다.

이대로 그녀와 헤어지고 싶지 않았다.

헤어지고 싶지는 않았지만, 그녀는 집에 돌아가야 했다. 더 늦어지면 집에서 걱정할 게 분명했다.

나는 택시를 불렀다.

택시를 타기 전에 노이는 내 가슴으로 날아와 나를 꼭 껴안았다. 그리고 내 볼에 가볍게 키스했다.

이것은 어떤 의미일까? 단순한 인사일까. 아니면…….

당황한 나는 잘 가라는 말조차 하지 못한 채 그녀를 택시에 태워 멍하니 보내버렸다.

◆ ◆ ◆

그 후 일주일 동안 나는 꿈만 같은 시간을 보냈다.

다 같이 안의 집에 놀러 가거나 미술 작품을 감상하는 등 '지금까지 이렇게 재밌게 산 적이 있었나' 싶을 정도로 가슴 뛰는 시간을 가졌다.

치앙마이의 꿈같은 생활에 조금 익숙해질 무렵 그 '사건'이 일어났다. 게스트하우스 근처에 있는 마트로 산책 겸 쇼핑을 하러 갔을 때 나는 누군가와 '탁' 하고 부딪혔다. 그런 후 얼마 지나지 않아 기념품을 사려고 했을 때 알아챘다.

"어! 지갑이 없다!"

'할아버지의 편지'는 괜찮을까?

나는 서둘러 백팩을 열어 편지 다발이 든 봉투를 찾았다.

지갑보다 중요한 할아버지의 편지는 다행히 가방 안에 그대로 있었다.

그것을 보고 나는 식은땀이 났다. 나에게 할아버지의 편지는 인생의 '지도'와도 같았다. 만약 그 '지도'가 없어진다면 여행도 끝나버릴 게 분명했다.

그리고 번뜩 정신이 들었다.

이 일은 '우연의 신호'다. 치앙마이에서 청춘 드라마에 빠져 '본래의 목적'을 잃어버린 나에게 보내는 경고일지도 몰랐다.

나는 냉정을 되찾은 후 숙소로 돌아왔다. 그리고 숙소 밑에 있는 카페테라스에서 지금까지 읽은 할아버지의 편지를 다시 한번 천천히 읽어보았다.

〈우연〉, 〈결단〉, 〈직감〉, 〈행동〉, 〈돈〉까지 다 읽고 나자 내면에서 뜨거운 무언가가 솟구쳤다.

나는 앞으로 무엇을 해야 할까?

좋아, 한 번 더 결심하자!

이 여행의 목적은 '우연과 직감을 따라 할아버지의 인생을 알아가는 것'이었다.

그리고 할아버지의 인생을 통해 '나다운 삶을 찾는' 모험을 떠나는 것이 이 여행의 목적이었다.

그러나 지금 그 여행은 '이도 저도 아닌 어중간한 자아찾기 청춘여행'이 되어버렸다.

이대로는 안 된다. 어떻게든 정신을 차려야 한다.

나는 심호흡을 하면서 공책에 크게 적었다.

"결정했다! 나는 나다운 인생을 살 것이다!"

그리고 사루타 씨, 도쿠야마 씨와의 만남을 떠올리며 다시 한 번 '진심을 다하자'고 결심했다.

◆ ◆ ◆

그때 카페테라스 앞에 새하얀 '프리우스' 자동차가 멈춰 섰다. 그 정도로 깨끗하게 세차되어 있는 차는 치앙마이에서 보기 드물었다.

"저 차에 누가 타고 있을까?" 하고 생각했을 때 차문이 열렸다.

차에서 내린 사람은 중후해 보이는 몸집이 작은 노인이었다.

뭔가 분위기가 이상했다. 부드러워 보이면서도 파워풀한 느낌이었다.

그 노인은 내 쪽으로 힘차게 걸어왔다.

나를 똑바로 쳐다본 후 쾌활하게 웃으면서 악수를 청했다.

"네가 다이조의 손자구나? 다이조의 젊은 시절 모습과 꼭 닮아서 한눈에 알아볼 수 있었단다. 대단해! 마치 타임머신을 타고 옛날의 그를 다시 만난 것 같구나. 치앙마이에 잘 왔다!"

"어……, 혹시 할아버지가 솜 차이 씨인가요?"

가슴이 떨릴 정도로 감동스러웠다.

방콕으로, 그리고 치앙마이로 온 것은 이 사람과 만나기 위해서였다.

할아버지의 60년 절친.

내가 '결심'한 순간, 그리고 '공책에 쓴' 순간 이 사람이 내 앞에 나타났다!

물론 '직감'을 따라 치앙마이에 온 '행동'이 없었다면 이런 일은 일어나지 않았을 테지만, '결심'한 순간 상대방이 내 앞에 나타날 줄이야!

'우연'을 넘어선 이 일에 나는 진심으로 놀라고 말았다.

그는 나를 껴안으며 "이렇게 만나게 될 줄이야. 정말 기분 좋구나."라고 말하면서 몇 번이나 내 손을 두드렸다.

솜 차이 씨는 영국식 영어를 쓰고 있었지만 인도 억양도 약간 섞여 있었다. 그 말투로 보아 젊었을 때 인도와 영국에서 교육을 받은 듯했다.

어쩌면 그 안내데스크에 있던 아름다운 여성이 내가 '다이조의 손자'라고 전해줬는지도 몰랐다.

그것을 묻자 솜 차이 씨는 교토에 있는 도쿠야마 씨에게 연락이 와서 고베에 있는 여동생에게 연락을 해보았다고 했다. 만일의 사태에 대비해 내가 묵고 있는 게스트하우스의 주소를 여동생에게 알려준 것이 신의 한 수였다.

내가 치앙마이까지 온 경위를 간추려서 말하자 그는 이렇게 제안했다.

"치앙마이에서 나와 많은 얘기를 나누려면 짐을 챙겨서 우리 집으로 가는 게 어떻겠니? 여기서 멀지 않아. 다시 이곳으로 오고 싶으면 얼마든지 올 수 있는 거리란다."

이렇게 해서 우리는 교외에 있는 그의 집으로 향하게 됐다.

운전기사가 있다 해도 일본에서는 흔한 프리우스 자동차를 타는 사람이 정말 부자일까?

차 안에서 우리는 많은 대화를 나눴다. 하지만 대화를 나누고 있는 동안에도 자동차에 대한 호기심을 억누를 수가 없어 나는 솜 차이 씨에게 물어봤다.

"솜 차이 씨는 부자인데 왜 롤스로이스나 벤츠 같은 차를 타지 않으세요?"

"치앙마이의 도로는 모두 좁아서 그래. 차가 크면 들어갈 수 없는 곳이 많아 곤란하거든. 하하하."

그는 호탕하게 웃었다.

"큰 차는 환경에도 좋지 않고 불편하기만 하지. 그리고 그런 고급 자동차를 타면 남의 눈에 잘 띄어서 제대로 된 일을 할 수 없게 된단다. 다른 사람의 부러움을 사면 불행한 일이 벌어지기 쉬워. 부자인 것을 자랑해봤자 좋을 게 하나 없지."

그는 정말 합리적인 사람이었다. 치앙마이에서 큰 차를 타고 다니면 확실히 불편한 점이 많을 것 같았다. 그런 점에서 솜 차이 씨에게 호감이 갔다. 친근한 부자라……

솜 차이 씨의 치앙마이 자택까지는 차로 한 시간 정도 걸렸다.

이런 기회는 좀처럼 없을 것이다. 나는 용기를 내어 말했다.

"저기, 질문 하나 해도 돼요?"

"대단해! 그 자체가 질문이야."

그는 큰 소리로 웃었다. 솜 차이 씨는 '대단해'가 말버릇인 거 같았다.

"농담이 지나쳤구나. 물론, 무엇이든 물어보렴. 나는 어디에도 가지 않으니까 말이다."

"아, 네. 저기, 치앙마이로 오는 버스 안에서 계속 생각했었어요. 내가 솜 차이 씨에게 배우고 싶은 '돈'에 대해서요."

"돈?"

"네, 지금까지 돈에 대해 깊이 생각한 적이 없었는데, 태국에 와서 진지하게 생각해보게 됐어요. 돈이 있는지 없는지에 따라 인생이 완전히 달라질 거라고 생각했지요. 이를테면 돈이 없는 사람은 비행기를 타도 이코노미 자리에 앉을 테고, 쥐가 나오는 숙소에서 잘지도 몰라요. 밥도 길거리 음식점에서 먹겠지요. 나는 아직 대학생이라 그런 생활도 그런대로 즐길 수 있지만, 평생 그렇게 살아야 한다면 왠지 씁쓸할 거 같아요. 돈이 있으면 아무래도 '선택의 자유'가 생기잖아요. 고급 호텔에 묵을 수도 있고 싼 여관에 묵을 수도 있어요. 하지만 돈이 없으면 싼 여관에 묵어야 한다는 선택지밖에 없는 거잖아요. 그리고 먹는 것, 입는 것, 사는 곳뿐만 아니라 배우자도, 미래의 자녀교육도, 돈이 있는 거랑 없는 거랑은 완전히 다르다고 생각해요."

"맞는 말이야. 네가 앞으로 무엇을 하든지 '돈 문제'로 괴로워하는 날은 분명히 올 거란다. 지금 세상은 무슨 일을 하더라도 돈이 필요해. 그래서 돈의 시스템을 잘 알지 못하면 무슨 일을 하든 그때마다 돈에 제한을 받게 되지. 돈이 들어가서 무엇을 할 수 없다, 돈이 있으면 무엇을 할 텐데, 이런 이야기는 많이 들어봤을 거다. 돈 때문에 처음부터 꿈을 포기해버리는 사람, 또는 생활비를 벌기 위해 좋아하지도 않는 일을 하는 사람은 많이 있지."

"하지만 사람들은 매일 노력하고 있는데 왜 돈에서 자유로워지지 못하는 걸까요?"

"유감스럽지만, 돈과 제대로 마주하지 않으면 결코 부자는 될수 없단다. 지금 세상은 노력한다고 부자가 되지는 않아."

"왜 그럴까요?"

"평균 월급이라는 것은 시세만큼 주는 돈이야. 그러니까 기본 생활만 유지할 수 있도록 주는 돈이지. 반대로 말하면 기본 생활비로 쓰고 나면 거의 남지 않는 돈이 평균 월급이야. 평균보다 많은 월급을 받는 사람은 남은 돈을 저금하기보다 자기 격을 올리는 데 사용하지. 회사들은 그 돈을 노리고 싸우는 거고. 화장품, 옷, 레스토랑, 인테리어, 자동차, 휴가 등 돈을 쓰는 메뉴는 얼마든지 많이 있어. 그리고 그 어느 메뉴에도 '보다 고급스러운 것'이 예산별로 쫙 나열되어 있지. 양복, 소지품, 자동차, 주택 등 사람들은 수입이 늘어나면 보다 질 좋은 것을 갖고 싶어하거든."

"태국에 오기 전까지는 저도 좋은 물건을 갖는 게 좋은 인생이라고 생각했어요. 지금 생각하면 조금 부끄럽지만요."

"대부분의 사람들은 수입이 늘어나면 아무 생각 없이 자동적으로 지출을 늘린단다. 그것이 인생의 성공이고 자신의 노력에 대한 포상이라고 생각하지. 또는 당연한 권리라고도 생각해. 그래서 수입이 늘어나면 그만큼 지출도 늘어나는 악순환에 빠지는 거야. 그리고 한번 늘어난 씀씀이는 좀처럼 줄이기 힘들지. 그래서 대부분의 사람들이 수입이 늘어나도 돈이 없는 거란다."

"뭔가 다들 최면술에 걸린 거 같네요. 왜 모두 그런 당연한 것을 알지 못하는 걸까요?"

"그 이유는 돈과 제대로 마주하지 않기 때문이야. 열심히 일해서 번 돈을 자유롭게 쓰는 것이 인생이라고 믿고 있기 때문이지. 사람은 주변 사람에게 영향을 받기 쉬워. 그래서 다른 삶을 사는 사람을 보지 못하면 다른 인생을 만드는 방법을 알지 못하게 되는 거야. 우리는 깨닫지 못하지만, 지금 인류의 95퍼센트이상은 '자본주의의 노예'가 돼버렸단다. 경제력을 가진 사람 중에는 자신이 승자라고 착각하는 사람도 있지. 이렇게 돈에는 사람을 미치게 만드는 마력이 있는 거야."

"왜 돈을 가지면 사람은 착각하게 되는 걸까요?"

"그건 자신에게 '자신감'이 없기 때문이란다. 자신감이 없는 사람이 돈을 갖게 되면 자신이 대단해졌다고 착각을 하게 돼. 사실은 부끄러운 건데 말이야. 그런 사람은 부자가 되어도 감정적으로는 여전히 돈의 노예인 거지."

"그거 참 불쌍하네요. 하지만 반대로 생각하면 세상의 시스템이 그만큼 거대하고 힘이 세다는 건데, 조금은 무섭네요. 힘을 기르지 않으면 나도 잡아먹힐 것만 같아서요."

"맞아. '스스로 돈 버는 힘'을 기르지 않으면 잡아먹힐 가능성도 크지. 반대로 '스스로 돈 버는 힘'을 가지면 인생에서 중요한 것을 잃지 않게 된단다. 자네처럼 우수한 사람은 특히 조심해야 해. 잘 생각해보면 필요 이상의 돈을 가지고 있는데도 아직 부족하다며 일에 열중해버리기 쉽거든."

"돈은 많으면 많을수록 좋다고 생각했는데, 역시 잘못된 생각이었군요."

"케이, 돈이라는 것은 '자기 그릇'을 넘어버리면 인생의 무거운 짐이 되는 거야."

"돈이 무거운 짐이라고요? 상상이 잘 안 돼요."

"'자신의 그릇'보다 큰돈을 갖게 되면 사람은 불행에 빠지게 되어 있어. 이를테면 우울증에 빠진 부자가 있지. 그들은 돈이 많아 불행에 빠진 것이지만 정작 본인들은 그 사실을 알지 못해. 그래서 사람은 돈이 아무리 많아도 일을 해야 되는 거란다. 돈이 많다고 일하지 않으면 삶의 의욕이 사라져버리게 되거든. 사람은 항상 누군가에게 도움을 줘야 해. 도움을 주고 있다는 감각을 실감하지 못하면 인생은 지루해지고 살아가는 것조차 괴로워질 거야."

"그러고 보니 친구 아버지 중에 상당한 자산가가 있었어요. 그분은 주차장과 아파트를 갖고 있었지만 젊었을 때부터 쭉 우울증을 앓았다고 했어요."

"그런 일은 흔히 있단다. 자기 그릇보다 큰돈을 갖게 되면 인생이 뒤죽박죽이 돼버리기 때문이지."

"할아버지는 돈과 제대로 마주한 후에 돈과 거리를 맞추는 것이 중요하다고 하셨어요. 이제야 그 의미를 조금 알 것 같네요."

"그런데 자기 그릇의 크기는 어떻게 알 수 있나요?"

"그 크기를 아는 방법은 간단하단다. 어느 금액을 벌거나 쓸 때 그것에 스트레스를 느끼지는 않는지 보면 되는 거야. 그 금액에 스트레스를 받는다면 아직 '자기 그릇'이 작은 거지."

"그러면 자기 그릇을 키우기 위해서는 무엇을 해야 할까요? 할아버지는 누군가를 행복하게 해줄 때마다 자기 그릇이 커지고 돈에서 자유로워진다고 말씀하셨는데, 정말 그럴까요?"

"대단해! 역시 다이조다운 말이야. 맞아, 나와 주변 사람을 행복하게 만들어줄 때 돈은 좋게 쓰여. 그러면 내 그릇도 커지고, 돈도 늘어나고, 나도 주변도 행복해지지."

솜 차이 씨는 이렇게 말하면서 천천히 보온병을 꺼내 차를 우려 주었다. 더운 지역에서도 따뜻한 차는 속을 따뜻하게 해줘 건강에 좋다고 말했다.

보온병을 휴대하고 프리우스 자동차를 탄 부자라……. 확실히 솜 차이 씨는 일반적인 부자와는 조금 달랐다. 뭐랄까, '돈과 거리를 맞춘' 느낌이랄까.

"솜 차이 씨, 그러면 다른 질문을 할게요. 부자가 되려면 무엇을 해야 하나요?"

"좋은 질문이야. 부자가 되기 위한 방법은 세 가지밖에 없단다. 그것은⋯⋯."

이렇게 말하면서 그는 자동차 뒷자리에서 공책을 꺼내 글씨를 쓰기 시작했다. 평소에 무언가를 메모하기 위해 준비해둔 공책 같았다. 그 공책은 다른 메모들로 가득했다.

"케이, 부자가 되는 방법은 말이야, 첫째, 가족의 돈을 받는 것, 둘째, 돈이 돈을 버는 것, 셋째, 자신의 재능을 살려 일하는 것 이 세 가지란다. 첫 번째 방법처럼 '가족의 돈을 받아' 부자가 되는 사람도 있어. 하지만 이런 경우는 '자신의 그릇'보다 큰돈을 가지게 되는 것이기 때문에 인생의 진정한 즐거움을 맛보지 못하고 돈을 날릴 확률이 꽤 크지. 또한 그런 부류의 사람은 스스로 돈 버는 힘이 없기 때문에 돈을 잃지 않으려고 모험도 하지 않아. 열심히 일해서 어느 정도 돈이 생기면 두 번째 방법인 '돈이 돈을 버는' 것이 가능해지지. 부동산이나 주식에 투자해 돈을 부풀리는 방법이 바로 이 두 번째 방법이란다. 그렇게 되면 그들은 일상적으로 일할 필요가 없게 되지."

"그렇군요."

"하지만 보통 사람이 부자가 되는 방법은 세 번째 방법인 '자신의 능력을 살려서 돈 버는' 방법밖에 없단다. 자신에게 자산이라고 불릴 만한 것이 없으면 스스로 만들 수밖에 없지. 그래서 팔 것은 '재능'밖에 없는 거야. 하지만 누구나 하는 일을 하면 부자가 될 수 없지. 즉 타고난 재능을 잘 발견하고 사용해야 성공 가능성이 높아지는 거야. 이것은 대기업에 다녀도 사업을 해도 마찬가지란다. 부자가 되기 위해서는 내가 가지고 있는 재능 중에 가장 좋은 재능으로 승부를 봐야 해. 나는 지금까지 자신의 세 번째나 네 번째 재능으로 성공하는 사람을 본 적이 없단다. 네가 밤잠 잊어가며 열정적으로 할 수 있는 일을 찾아야 성공할 수 있는 거야. 너도 찰리 채플린을 알 거다. 천재 코미디언이자 '희극왕'으로 불린 사람이지. 어렸을 때 부모님이 이혼해 가난하게 자란 채플린은 자신의 '재능'을 살려서 무성영화의 스타가 됐어. 채플린은 영화 속에서 이런 명대사를 남겼단다. **'인생은 무섭지만 않으면 매우 훌륭한 것이다. 인생에 필요한 것, 그것은 용기와 상상력 그리고 약간의 돈이다.'**[8] 돈과 거리를 맞춘 훌륭한 말이라고 할 수 있지. 그는 자신의 가장 좋은 재능을 살려서 노력에 노력을 거듭한 결과 세상 사람들의 기억에 남는 인물이 되었단다."

"나에게도 그런 '재능'이 있을까요?"

"안타깝게도 인류의 95퍼센트 이상은 자신의 재능을 발견하지 못한 채 생을 마감한단다. 많은 사람들이 평생 성실하게 일하면서도 돈에 휘둘리며 사는 이유가 바로 이거지. 재능을 발견하는 방법은 의외로 간단해. 누군가에게 부탁받은 일을 하나씩 해 보는 거야. 그러면 그것이 지도가 되어 내 재능이 점점 눈에 보이게 될 거야. 하지만 자신의 재능을 발견하는 사람은 의외로 적단다. 왜 그런지 아니? 그것은 자신의 재능을 발견하는 열쇠가 코앞에 있는데도 그것을 보지 못하기 때문이야. 즉 너무 가까이에 있어서 발견하지 못하는 거지. **인생의 기회는 멀리 있지 않아. 항상 반경 3미터 내에 있지.**"

"네……."

"지금은 내 말 뜻을 잘 이해하지 못하겠지만, 케이라면 분명히 재능을 발견할 수 있을 거야. 일본에서 수천 킬로미터 떨어진 이곳까지 아무 약속도 없이 올 정도로 높은 '행동력'을 가졌으니까 말이야. 재능이 쉽게 보이면 인생의 즐거움도 그만큼 줄어드는 거란다. 그런 의미에서 보면 재능을 찾는 데 시간이 걸리는 것도 나쁘지만은 않은 거겠지."

"네……."

"성공은 한순간에 붙잡는 게 아니야. 제로에서 출발해 '자신의 캐시 포인트(재능이 돈이 되는 활동)'를 발견하고, 성공과 실패를 반복하면서 붙잡는 거지. 그것이 '인생의 재미'란다. 만약 할 수만 있다면 나는 지금의 네 나이로 되돌아가 다시 인생을 살고 싶을 정도야. 그 즐거움은 돈으로도 살 수 없지. 언젠가 너도 내 말을 실감하게 될 거야. 하하하."

그렇게 호탕하게 웃고 난 후 솜 차이 씨는 차를 마셨다.

나는 달리는 자동차 안에서 '돈에 대해' 메모했다.

◆ 돈과 제대로 마주한 후에 돈과 거리를 맞출 것.

◆ 누군가를 행복하게 해줄 때마다 내 그릇이 커지고 돈에서 자유로워진다.

◆ 대부분의 사람들은 수입이 늘어나면 아무 생각없이 자동적으로 지출을 늘린다.

◆ 부자가 되기 위해서는 내 재능 중에 가장 좋은 재능으로 승부 봐야 한다.

할아버지에게 돈에 대한 이야기를 묻지 못한 게 안타까웠다. 조금 더 건강했을 때 물어봤더라면 좋았을 텐데.

◆ ◆ ◆

그런 이야기를 나누고 있는 동안에 우리를 태운 자동차는 치앙마이의 시골길을 달리고 있었다. 이윽고 솜 차이 씨의 집에 도착한 듯했지만, 대문을 지나온 후에도 얼마 동안은 숲속 길을 계속 달렸다.

그때 집이라기보다는 호텔에 가까운 건물이 눈에 들어왔다. 그러나 그것은 호화스러운 대저택이 아니라 잘 가꾼 휴양지의 호텔 같은 저택이었다.

현관으로 들어가자 태국뿐 아니라 전 세계의 장식품이 놓여 있었다.

태국 재벌이 '마지막 거처'로 선택한 곳은 방콕이 아니라 치앙마이의 한적한 숲이었다. 신선한 숲 공기가 기분까지 좋게 만들어주었다.

테라스에서 차를 마시면서 나는 지금까지 있었던 일을 이야기했다.

할아버지가 돌아가시면서 돈이 아닌 '편지'를 남겨준 일.

우연과 직감을 따라 오타루, 교토, 고베, 그리고 방콕으로 간 일.

방콕에서 문전박대를 당하고 치앙마이로 오게 된 일을 모두 말했다.

솜 차이 씨는 내 이야기를 모두 진지하게 들어줬다.

"자네가 내 사무실에 왔을 때 나는 방콕에 없었어. 자네가 온다는 말을 미리 들었다면 나름대로 대응을 했을 텐데, 미안하구나."

그렇게 말하며 솜 차이 씨는 진심으로 미안한 표정을 지었다.

"아니에요. 제가 연락도 없이 와서 죄송해요."

"사실 이전에 다이조가 나에게 편지를 보낸 적이 있단다. 자네에게 인생에 대해 잘 얘기해주라면서 말이야. 지난번 다이조의 장례식 때문에 일본에 갔을 때 자네 얼굴을 보고 이야기하고 싶었는데, 자네가 보이지 않아 매우 유감이었지."

"그랬군요. 죄송해요. 그래도 이렇게 저를 찾아주셨잖아요. 정말 감사해요. 사실 할아버지와는 생전에 많은 대화를 나누지 못해 후회하고 있었어요. 이야기를 나눌 기회는 있었지만, 제 생활만 이야기하느라 정작 중요한 인생에 대해서는 물어보지 못했지요. 그런데 할아버지의 편지를 읽고 싱크로니시티(우연의 일치)를 쫓아가다 보니 할아버지와 대화하는 기분이 들었어요. 이렇게 솜 차이 씨와 이야기하고 있으니 할아버지와 대화하는 것 같아서 기분이 좋아요."

"대단해! 다이조는 정말 좋은 손자를 뒀어. 내가 다이조를 처음 만난 건 벌써 60년 전이라네. 시간 정말 빠르지. 나는 상하이에서 우연히 일본인 청년을 알게 됐어. 그 사람이 교토에 있는 도쿠야마라네. 그리고 도쿠야마의 절친이 다이조였지. 상하이에 있을 때 나는 다이조를 다이라고 불렀어. 그는 내게 태국에 가는 게 꿈이라며 눈을 반짝이며 말했었지. 그래서 나는 처음부터 그에게 친근감을 느꼈어. 다이조와는 평생에 걸쳐 우정을 나눴지. '인연'이란 참 신기한 거야."

"그랬군요. 할아버지도 태국에 온 적이 있나요?"

"오다마다. 다이조는 태국에 잠시 살았었어. 그때는 여기서 영주권을 따려고 했었지."

"네? 정말이요? 저도 태국에 온 지 얼마 안 됐지만, 여기서 계속 살고 싶다는 생각을 했어요. 태국과 일본은 비슷해서, 뭐랄까 마음이 안정된다고 할까, 어쨌든 친근감을 느꼈어요. 할아버지는 왜 태국을 좋아하게 됐을까요?"

"그게, 다이조는 태국 여성과 연애를 했단다. 하하하. 그 고지식한 다이조가 말이야."

"할아버지가 연애를 했다고요?"

"다이조의 애인은 미스 치앙마이가 된 여성이었지. 지적이고, 예쁘고, 스타일이 좋고, 노래를 부르는 듯한 아름다운 목소리로 말하는 여성이었어. 정말 매력적이었지. 그녀가 길을 걸어가면 모든 사람들이 쳐다볼 정도였어."

"우와, 믿어지지 않아요. 할아버지는 연애에 성공했나요?"

"유감스럽지만 그게 조금 복잡했단다. 그 두 사람은 서로 좋아했지만, 여자는 결국 다른 남자를 좋아하게 됐지."

"정말요?"

"연애란 짓궂은 거야. 그녀는 처음에는 다이조를 좋아했지만 결국은 다른 남자에게 마음을 빼앗겼어. 그런데 이번에는 그 남자가 그녀에게 마음을 주지 않았단다. 그래서 그 연애도 완성되지는 못했지."

"정말 안타깝네요. 그러면 할아버지의 첫사랑은 어떤 남자를 좋아했나요?"

"사실은 자네도 알고 있는 사람이야."

"네?"

오늘은 깜짝 놀랄 일이 너무나 많았다.

나와 솜 차이 씨가 알고 있는 사람은 단 한 명밖에 없었다.

서, 설마?

"맞아, 교토에 있는 도쿠야마야. 그 녀석은 얼굴도 하얗고 키도 커서 젊었을 때 정말 잘생겼었지. 그런데 불교의 길을 걸은 후부터는 여성에게 관심을 갖지 않았어. 안타깝게도 여자들은 그런 남자에게 더욱더 끌리는 법이지."

그렇게 말하며 솜 차이 씨는 재미있다는 듯이 큰 소리로 웃었다.

"거기서 나는 한 가지를 배웠어. 여자는 매달리면 안 된다고 말이야. 남자가 매달리면 여자는 반드시 도망가게 돼 있어. 도망가면 더 이상 붙잡을 수 없게 되지. 이것은 60년 전이나 지금이나 변하지 않는 '연애의 진리'야. 매력 있는 녀석은 매달리지 않아도 여자를 끌어오는 법이지. 연애도, 일도, 돈도 갖고 싶다고 매달리면 도망가게 돼 있단다. 케이에게는 다이조의 피가 흐르고 있으니까 연애도, 일도, 돈도 매달리지 않는 게 좋을 거야. 하하하."

"그래서 할아버지는 어떻게 됐나요?"

"그 후에 많이 힘들어했지. 다이조가 도쿠야마에게 가서 그녀를 놓아달라고 울면서 부탁했었어. 그만큼 그녀를 좋아한 거야. 그러나 그녀가 혼자 도쿠야마를 좋아한 것이기 때문에 도쿠야마도 어떻게 할 수가 없었지. 결국 그 실연이 원인이 되어 다이조는 태국을 떠났어."

도쿠야마 씨가 할아버지에게 해줄 수 없었던 일이라는 게 이거였구나. 어쩐지 할아버지가 불쌍했다. 그러나 조금은 못나 보이기도 했다.

"그래서 할아버지가 좋아한 그 미스 치앙마이라는 여성은 나중에 어떻게 됐나요?"

"그 여성은 나중에 잘생기고 인품 좋은 태국 남자를 선택했지. 즉 네 앞에 있는 나를 선택한 거야. 하하하."

"네? 할아버지의 첫사랑이 지금 솜 차이 씨의 아내분이라고요?"

옆에 있던 솜 차이 씨의 아내가 어깨를 들썩이며 웃고 있었다.

그리고 그녀는 이렇게 말했다.

"만약 내가 다이조와 결혼했다면 네가 내 손자가 됐겠구나. 안타깝네. 이렇게 귀여운 손자가 생길 수 있었는데."

아, 이런 전개는 생각해본 적도 없다. 등장인물이 너무 적었다.

'기구한 운명'이라는 게 이런 걸까.

60년 전 펼쳐진 네 젊은이의 드라마. 뒤얽힌 운명의 실.

세계를 무대로 한 연애는 한 편의 영화 같았다. 왠지 그들이 부러웠다.

내가 그들의 옛 시절을 생각하고 있자 솜 차이 씨의 아내가 말을 꺼냈다.

"나는 다이조를 많이 좋아했어. 하지만 그는 일에만 열중할 뿐 나에겐 그다지 관심이 없었지. 나를 어떻게 생각하는지 물어도 입을 다문 채 속마음을 알려주지 않았어. 그래서 헤어진 거야. 유감스럽지만 말이야. 여자는 확실히 말해주지 않으면 아무것도 모르거든."

할아버지는 나와 꼭 닮았었다. 중요할 때 입을 꾹 다물어버리다니……. 물론 내가 할 말은 아니지만.

나는 요 며칠 만난 노이를 생각했다.

우리는 앞으로 어떻게 될까?

애초에 나와 노이 사이에 미래는 있을까?

생각 속에 잠긴 나를 깨우기라도 하듯이 솜 차이 씨가 말했다.

"그게 우리 다섯 명의 청춘이야. 그 후 도쿠야마는 불교의 길을 걸었지. 다이조와 나는 비즈니스의 길을 걸었고. 또 한 명의 친구도 정신적인 세계로 돌아갔어."

"네? 또 한 명의 등장인물이 있다고요? 그분은 지금 어디에 계세요?"

"그는 농부가 되겠다며 자신의 나라로 돌아갔단다."

다섯 번째 인물에 대해 물어보려고 했을 때 젊고 눈이 큰 메이드가 다가와 저녁식사 준비가 다 되었다고 알려줬다.

저녁식사 자리에서는 솜 차이 씨가 많은 얘기를 해주었다.

그가 젊었을 때 일으킨 사업 이야기. 가족 이야기. 태국 왕족 이야기.

내가 하고 싶은 것에 대해서도 여러 가지 물어봐 주었다.

그리고 나의 영어 실력, 행동력, 사람에게 호감을 주는 재능 등을 칭찬해줬다.

역시 부자는 칭찬에 능숙하다. 나는 뛸 듯이 기뻤다.

"자네만 괜찮다면 오늘부터 우리 집에 머무는 게 어떻겠나?"

감사하게도 솜 차이 씨가 이렇게 말해줘서 나는 그대로 그 집에 머물기로 했다.

게스트하우스에는 전화를 걸어 마이크에게 앞으로 며칠 돌아가지 못한다고 말했다.

그리고 안내받은 방으로 들어가자 지금이 바로 다음 편지를 읽을 때라는 직감이 저절로 솟아났다.

나는 천천히, 하지만 조용한 확신을 갖고 〈여섯 번째 편지〉를 열었다.

Part 06

여섯 번째

편지:

일 Work

〈여섯 번째 편지〉는 일에 대한 편지란다. 그러나 '일'을 알기 전에 '인간의 본질'에 대해 먼저 알았으면 하는구나.

'누군가에게 이익과 기쁨을 주면서 행복을 느끼는 것'이 인간 이라는 생물이다.

이것은 처음 집단생활을 했던 원시시대 때부터 이어져온 인 간의 본능이야. 그럼 왜 이런 본능이 생긴 걸까. 원시시대 때는 누군가의 이익이 내 생존으로 이어졌기 때문이야.

심리학에서는 '아주 어린 아기들도 누군가에게 물건을 주거 나 친절을 베풀면서 기쁨을 느낀다'는 연구 결과도 있어.

즉 사람에게 있어서 인생 최대의 기쁨은 '누군가에게 무언가 를 해준 후 감사를 받는 것'이란다. 이것이 바로 '일의 보람'이지.

다른 사람에게 아무것도 베풀지 않고 혼자만 이익을 차지하면 인생의 참다운 의미를 발견할 수 없단다.

딱히 일을 하지 않아도 많은 돈을 벌 수는 있다. 하지만 그럴 때는 인생의 행복을 느낄 수 없을 거다.

따라서 너는 재능을 살리는 일을 하고, 그 일로 누군가를 행복하게 만들어주렴.

또 하나 기억해야 할 점이 있다.

세상은 네 재능이 꽃피길 기다리고 있단다.

사람은 자신이 하고 싶은 일을 하면서 사회에 공헌해야 해. 그러기 위해서는 네 재능을 살릴 '천직'을 만나야 하지.

사회에 첫발을 내디딘 순간에는 네 천직을 만날 수 없을지도 모른다. 하지만 조금만 주의하면 천직은 반드시 만날 수 있단다.

천직이라고 하면 '처음부터 나와 딱 맞는 일'이라는 이미지가 떠오를 게다. 물론 그런 경우도 있지만 사실 그게 전부는 아니란다. 조금 더 큰 시점으로 생각해보렴.

지금 하는 일이 점점 좋아지는 경우도 천직이라고 말할 수 있어. 또한 좋아하는 일을 찾는 동안에 천직을 발견하는 경우도 있지.

지금 하는 일을 좋아하게 되기 위해서는 무엇을 해야 할까. 그건 우선 그 일에 열심히 몰두해보는 거야. 더 이상 못 하겠다는 생각이 들 정도로 열심히 해보는 거지.

그렇게 열심히 하다 보면 '내 재능을 살릴 포인트'를 알 수 있게 되고, 좋은 결과도 얻을 수 있게 된단다. 그러면 일이 점점 좋아질 수밖에 없겠지.

그러나 사람에 따라서는 이 방법이 최선이 아닌 경우도 있어. 그럴 때는 '좋아하는 일'을 찾아보는 게 좋단다. '좋아하는 일'은 곧 '천직'이 되기 때문이야.

이 경우에는 네가 어렸을 때부터 좋아했던 것, 딱히 노력하지 않아도 잘했던 것 중에서 '천직'을 찾아볼 수 있단다.

다양한 경험을 하다 보면 너의 강점과 약점을 알 수 있게 될 거야. 그러면 네가 정말 하고 싶은 일이 무엇인지도 알 수 있게 될 거란다.

천직을 찾는 데는 시간이 많이 걸릴 것이다.

그러나 천직을 찾는 길은 인생을 찾는 길이 되기도 해. 그러니까 초조해하지 말고 천천히 너의 천직을 찾아보렴.

그런 의미에서 '천직'은 '연애'와도 같단다.

상대방에게 첫눈에 반하는 사람도 있지만, 몇 년에 걸쳐 서서히 좋아하는 사람도 있지.

따라서 첫눈에 반하는 것만이 진짜 사랑은 아니야.

열여덟에 평생의 반려자를 만나는 사람도 있고, 마흔이 지나

뒤늦게 반려자를 만나는 사람도 있어. 이렇듯 무엇이 좋고 나쁘다고 말할 수 없는 거야.

또한 평생 반려자를 만나지 못하는 사람도 있지. 그렇게 평생 반려자를 만나지 못하는 것도 인생이란다.

시간이 걸려도 좋으니까 너는 '좋아하는 일(천직)'을 반드시 찾길 바란다.

성공하는 사람은 모두 자신의 일을 매우 좋아한단다. 아니, 진심으로 일을 좋아하니까 성공했다고 말하는 게 올바른 순서일지도 모르겠구나.

일을 좋아하는 만큼 즐겁게 일하니까 그 분야의 문제점과 해결 방법을 잘 발견하는 것이고, 곧바로 행동으로 옮길 수 있는 거란다. 이렇게 문제점을 줄여나가다 보면 당연히 일에 대한 스트레스도 점점 줄어들겠지. 그래서 일을 좋아하는 사람들이 성공하는 거란다.

좋아하는 일을 하면서 돈까지 번다, 이보다 더 큰 행복이 무엇이 있겠니?

그러나 좋아하는 일을 하면서 살아가는 사람은 인구의 몇 퍼센트 정도밖에 안 돼.

그래도 우리 주변에는 좋아하는 일을 하면서 살아가는 사람이 생각보다 많이 있단다. 꽃을 좋아하는 꽃집 사장, 환자의 이야기를 웃으면서 들어주는 의사, 아이들에게 열정적으로 공부를 가르치는 학교 선생님이 그렇지.

반대로 일을 싫어하는 사람은 인생의 의미를 찾지 못한 채 '노동'밖에 할 수 없단다. 그리고 그 노동 때문에 평생을 괴로워하며 살아가지.

일하는 내내 시계만 보며 퇴근시간만을 기다리니까 하루가 괴로운 거야.

혼다 자동차의 최고경영자인 혼다 소이치로를 알고 있니?

그는 자동차 수리 공장의 수리공으로 인생의 첫발을 내디뎠단다. 그의 아내는 가족들을 위해 매일같이 자전거를 타고 먼 곳까지 식재료를 사러 다녔지. 그런 아내의 모습을 본 혼다는 '자전거에 엔진을 달면 편해질 텐데' 하고 생각했단다. 그것이 혼다가 오토바이 연구를 시작한 계기란다. 너도 알다시피 현재 혼다 오토바이는 세계 판매 1위를 차지하고 있고, 혼다 자동차도 전 세계적으로 잘 팔리고 있지.

그는 이런 말을 남겼어.

"'좋아하는 애인을 만나러 가는 길은 천 리도 일 리가 된다'는 말이 있다. 이렇게 시간 가는 줄 모르고 자신이 좋아하는 일에 몰두하는 것이 인생의 참된 즐거움이다. 인생을 즐겁게 살기 위해서는 한 사람 한 사람이 자신의 잘잘못을 감추지 말고 전부 밝혀야 한다. 돌은 돌이라 좋은 것이고, 다이아몬드는 다이아몬드라 좋은 것이다. 그리고 감독자는 부하직원의 장점을 빨리 파악하고 이끌어 적재적소에 배치해야 한다. 그래야 돌도 다이아몬드도 전부 진짜 보석이 될 수 있다."[9]

어떻니? 혼다 소이치로는 '좋아하는 것을 직업으로 삼으면 위대한 업적을 쌓을 수 있다'는 것을 잘 보여주는 인물이지 않니?

일이 즐겁지 않은 이유는 대부분 세 가지 경우란다.

첫 번째는 '자신의 재능과 맞지 않는 일을 하고 있는 경우'야.

내 재능과 맞지 않는 일은 절대 오래 할 수 없단다. 따라서 재능과 맞지 않다고 생각되면 당장 그 일을 그만둬야 해. 그리고 자신에게 맞는, 재능을 살릴 수 있는 일을 찾아보는 게 좋아.

두 번째는 '일의 방법이 즐겁지 않은 경우'야.

일하는 사람이나 장소 또는 계약 방식이 내 생각과 다를 때는 일이 즐겁지 않게 된단다.

일의 방식에는 직장의 분위기도 포함돼 있어. 상사가 강압적으로 일을 부추기는 환경이라면 일이 잘되지 않겠지.

그래서 자유롭게 소통할 수 있는 '환경'이 중요한 거야.

세 번째는 '인간관계가 좋지 않은 경우'란다.

좋아하는 일을 해도 인간관계가 좋지 않으면 즐겁게 일할 수 없게 된단다. 직장에 괴롭히는 사람이 있거나 의사소통이 잘되지 않는 사람이 있다면 그곳은 최악의 직장이 되겠지.

사람이 일을 그만두는 가장 많은 이유는 '직장의 인간관계' 때문이라고 해.

반대로 아무리 보잘것없는 일이라도, 그리고 월급이 낮아도 인간관계가 좋으면 일을 그만두고 싶다는 생각을 안 하게 되지.

그럼, 마지막으로 부탁하고 싶은 말이 있다.

너는 꼭 재능을 살리는 일을 하면서 많은 사람들을 행복하게 만들어주렴.

네가 '평생의 일'을 만났으면 좋겠구나.

그리고 많은 사람들에게 감사받는 인생을 살길 바란다!

나는 편지를 내려놓고, 지금의 감동을 조용히 느꼈다.

일이란 '사람을 기쁘게 해주는 것'일까.

그리고 내 가슴이 뛰는 일이 천직일까.

나도 언젠가 천직을 발견해 행복하게 살고 싶었다.

◆ ◆ ◆

다음 날 아침 잠에서 깨자 온몸에 상쾌함이 감돌았다.

오랜만에 푹 잔 느낌이었다.

이 집을 둘러싼 공기가 좋아서였을까.

테라스에 나가보니 먹음직스러운 아침식사가 테이블 위에 준비되어 있었다. 솜 차이 씨는 테이블에 앉아 신문을 읽고 있었다.

"잘 잤니, 케이?"

"네, 아주 푹 잤어요. 어제는 정말 고마웠습니다. 괜찮다면 오늘도 같이 이야기를 나누고 싶은데, 그래도 될까요?"

"물론이지. 시간은 아주 많단다. 나에게서 어떤 이야기를 듣고 싶니? 산책이라도 하면서 이야기하자꾸나. 이 숲을 걸으면 기분이 매우 좋아진단다."

숲의 산책로를 걷기 시작했을 때, 나는 기다렸다는 듯이 말을 꺼냈다.

"솜 차이 씨, 오늘은 '일'에 대해 알려주세요."

"케이는 일에 대해 무슨 이야기를 듣고 싶니?"

"앞으로 몇 년만 있으면 저는 일을 시작해야 해요. 그래서 어떤 일을 해야 충실한 나날을 보낼 수 있을지 알고 싶어요. 제 친구들은 대부분 보다 유리한 조건으로 대기업에 취직하는 게 최선이라고 생각해요. 하지만 저는 '의미 있는 일'을 하고 싶어요. 생활을 위해서가 아니라 충만함을 느낄 수 있는 일이요."

"그렇구나. 정말 훌륭한 생각이야. 케이는 지금 매우 좋은 질문을 한 거란다. 돈 버는 방법에는 크게 '세 가지 형태'가 있어. 그것을 지금 가르쳐주마.

첫 번째, 노동으로 돈 벌기. 우선 가장 먼저, 노동으로 돈을 버는 단계가 있어. 사람은 일을 시작할 때 반드시 이 단계를 거쳐야만 하지. 노동으로 돈을 번다는 것은 청소, 서빙, 계산, 경비 등 고도의 전문지식이 없어도 할 수 있는 '단순노동'을 의미해. 영업, 경리, 요리, 교사, 운전 등은 경험과 자격이 있어야 하기 때문에 단순노동보다는 급여가 조금 높지. 하지만 '노동으로 돈을 번다'는 것은 극단적으로 말하면 '땀을 판 돈'이야. 대부분의 월급쟁이들은 자신이 '시급'으로 일하고 있다는 사실을 깨닫지 못해. 월급이란 '노동한 시간만큼 받는 대가'인데 말이야. 월급만으로는 부자가 될 수 없단다. 부자는커녕 생활비와 약간의 사치를 부리고 나면 월급은 거의 남아나지 않을 거야. 변호사나 의사는 언뜻 보기에 '좋은 직업'처럼 보이지만 누군가에게 고용됐다는 점에서는 그들도 똑같은 월급쟁이야. 다만 시급이 높을 뿐이지. 그러면 높은 시급을 받으면 부자가 될 수 있을까? 그렇지 않아. 왜냐하면 그들에게는 좋은 양복과 좋은 사무실이 필요하기 때문이야. 옷, 음식, 사는 곳, 자동차 등 많은 것을 신경 써야 하니까 당연히 지출도 늘어나겠지. 따라서 부자가 되기 위해서는 시급으로 돈 버는 일에서 졸업해야 한단다. 그럼 졸업에 필요한 것은 무엇일까? 그것은 바로 '지혜'야.

두 번째, 비즈니스로 돈 벌기. 비즈니스로 돈을 번다는 것은 사업을 일으켜 아이디어나 아이템으로 돈을 버는 것을 의미해. 즉 자신의 '지혜'로 승부를 보는 거지. 이때는 시간에 따라 대가를 받는 게 아니라 결과에 따라 대가를 받게 돼. 그렇기 때문에 상당한 경험과 자신감이 없으면 비즈니스로는 돈을 벌 수 없을 거야. 자칫 실패하면 빚을 짊어져야 하거든. 따라서 비즈니스로 돈을 벌고 싶다면 내가 무엇을 제공할 수 있을지 진지하게 생각해보는 게 좋아. 즉 비즈니스를 할 때는 지혜의 양으로 대가의 양이 결정된다고 할 수 있어. 나만이 할 수 있는 지혜를 짜내지 않으면 비즈니스 세계에서는 크게 성공할 수 없단다. 내가 추천하는 방법은 '행복한 작은 부자'가 되는 거야. 사실 이것은 실천 가능성이 높으면서도 스트레스가 적은, 확실하게 돈 벌 수 있는 방법이지. '행복한 작은 부자'란 중소기업 사장을 의미해. 비즈니스는 그 규모가 커지면 커질수록 스트레스도 늘어나게 돼 있어. 하지만 '노동과 돈의 교환'에서 해방되면 비로소 자유로워지지. '행복한 작은 부자'란 자신의 연봉을 조금씩 늘려가면서 보람 있는 인생을 사는 사람이란다.

세 번째, 자산으로 돈 벌기. 이것은 자산을 이용해서 재산을 늘려가는 방법이야. 부동산 투자나 주식 투자, 그림 판매나 골동품 판매가 여기에 해당하지. 부동산이나 주식, 그림이나 골동품 등은 시간과 함께 가치가 높아져서 집세나 배당금이라는 수익을 낳아. 그러나 이 세 번째 형태에는 주의가 필요하단다. 이때는 그것이 어느 기간 얼마만큼의 수익을 안겨줄지 제대로 파악해야만 하지. 즉 '폭락하지 않는 자산'을 가지는 것이 중요해. 이를테면 주식 투자를 해도 매일같이 빈번하게 사고파는 '투자가'가 아니라 '트레이더'가 돼야 하는 거지. '자산으로 돈 버는' 단계에는 역시 실패도 많아. 보통 10억 원 정도 손해를 봐야 슬슬 돈이 모이기 시작할 거야. 왜냐하면 처음에는 대부분 투자 가치를 제대로 파악하지 못하거든. 즉 어디에 투자해야 할지 잘 모르기 때문이지. 하지만 사람은 실패하지 않으면 아무것도 배울 수 없어. 따라서 실패를 두려워하면 부자는 되지 못한단다. 처음 손해 보는 돈은 부자가 되기 위한 '회원권 가격'이라고 생각하면 좋을 거야. 그 후의 실패는 '회원권 연회비'라고 생각하면 좋고. 투자에 있어서 가장 좋은 방법은 '시간을 내 편으로 만드는 것'이야. 하루, 이틀, 1주, 2주 후에 일어나는 가격 변동은 그 누구도 예상하지 못해. 이렇게 아무도 예상 못하는 곳에 투자하는 것을 뭐라고 부르는지 아니? 그런 걸 '도박'이라고 부르지. 투자가 도박이 되지 않기 위해서도 시간을 내 편으로 만들 필요가 있어. 그 주식이나 부동산이 어떻게 변할지 지금 당장은 알지 못해도 지혜가 있으면 미래는 어느 정도 예측할 수가 있지."

"그렇군요."

"'일의 세 가지 형태'를 알면 각각 자신에게 맞는 일이 보일 거야. 잘 생각해서 자신에게 맞는 일을 선택해야 해. 그러기 위해서는 우선 '자신의 그릇'을 알아야 하지. 그것은 결국 행동해봐야 알 수 있는 거란다."

그렇게 말한 후 숌 차이 씨는 부드럽게 미소 지었다.

❶노동으로 돈을 번다, ❷비즈니스로 돈을 번다, ❸투자로 돈을 번다.

나는 일에 '세 가지 형태'가 있다는 것을 전혀 알지 못했다.

할아버지의 편지와 숌 차이 씨의 '일'에 대한 가르침이 없었다면 나는 아무 생각 없이 크고 멋있어 보이는 회사에 들어가려고 했을 것이다.

할아버지와 숌 차이 씨의 가르침은 듣고 보니 당연한 것인데도 지금까지 나에게 이러한 것을 가르쳐준 사람은 아무도 없었다.

하지만 일에 대해 그렇게 깊이 생각하는 사람이 누가 있을까. 아마 세상의 95퍼센트 이상의 사람들은 깊이 생각하지 않고 자신의 일을 선택할 것이다. 적어도 내 대학 친구들은 그랬다.

나는 '일'에 대해서 더 많이 배우고 싶었다.

"솜 차이 씨, 일에 대해 더 많이 가르쳐주세요. 일로 성공하는 방법은 무엇인가요?"

"좋은 질문이야. 일로 성공하기 위해서는 두 가지 중요한 점이 있단다."

나는 어떤 대답이 돌아올지 가슴이 두근거렸다.

솜 차이 씨도 즐거운 듯이 이야기해주었다.

그는 숨을 크게 들이마신 후 말을 이었다.

"일에서 중요한 두 가지는 '열정'과 '공부'란다. 우선 '열정'에 대해서 설명하지. '열정'이란 몰두하는 거야. 마지막까지 그일을 좋아하고 집중하는 거지. '열정'이 모든 일의 원동력이라고 할 수 있어. 일본의 만화가인 데즈카 오사무를 알고 있니?《우주소년 아톰》,《블랙 잭》등의 명작을 남긴 '만화의 신'이라고 불리는 인물이란다. 태국에서도 그의 만화는 매우 인기가 높아. 오사무는 만화에 대한 열정이 정말 대단했단다. 그는 초등학생 때부터 만화를 그려 친구들에게 보여줬어. 성인이 된 그는 의사가 될지 만화가가 될지 고민했지. 어머니에게 자신의 진로에 대해 물어보자 그의 어머니는 네가 좋아하는 길을 가라며 만화가를 선택해도 좋다고 말했어. 보통 부모라면 '의사'를 선택하라고 했을 텐데 말이야."

"그렇군요. 저도 어렸을 때 데즈카 오사무의 만화를 많이 봤었어요."

"데즈카 오사무의 일하는 방식은 매우 힘들기로 유명해. 그는 밤낮을 안 가리고 몇 십 년 동안이나 계속해서 만화를 그렸지. 그는 700편의 만화를 그렸고, 그 원고지 수는 약 15만 장이라고 해. 오사무는 병원 침대에 누워서도 일을 했단다. 그리고 숨을 거둘 때도 '저세상에 가서도 일하겠다'는 마지막 말을 남겼다고 하는구나.[10] 어떻니? 이 정도로 일을 좋아하고 일에 '열정'을 기울여야 크게 성공할 수 있는 거란다."

"네, 데즈카 오사무는 정말 대단한 사람이군요."

"따라서 열정적으로 할 수 있는 '좋아하는 일'을 발견하는 것이 무엇보다 중요한 거야. 다이조도 편지에 그런 말을 쓰지 않았니?"

"네, 맞아요."

"그리고 '열정'에는 '이 사람을 위해 일하고 싶다!'는 종류의 열정도 있어. 누군가에게 보답해주고 싶다, 누군가를 행복하게 해주고 싶다는 '보은의 힘'은 매우 큰 거야. 그 보은의 힘만 있으면 '진심이 담긴 일'을 할 수 있게 돼. '진심이 담긴 일'을 한다면 많은 사람들이 응원을 해줄 거야."

"알겠습니다."

"그리고 네가 앞으로 일을 할 때는 반대 입장이 될 때도 있을 거야. 즉 너에게 보답해주기 위해, 너에게 기쁨을 주기 위해 일하는 사람이 있는 게 중요하지. 그런 사람이 많으면 많을수록 네 일은 성공할 수 있단다."

"그렇군요."

"그리고 일에는 또 하나 '공부'가 매우 중요하지. 일은 '경험'이 중요하기 때문이야. 경험을 쌓지 않으면 쳇바퀴 돌듯이 똑같은 곳만 빙글빙글 돌게 돼. 같은 일을 10년 동안 해도 공부를 하지 않으면 경험도 쌓이지 않게 되지. 이를테면 요리사가 10년 동안 같은 요리를 만들어 낸다면 그 10년은 '경험'이 되지 않을 거야. 이렇게 공부하지 않고 30년, 40년을 요리해도 그 음식점은 번창할 수가 없지. 즉 일의 '공부'에는 '양'과 '질'과 '방향'이 중요하단다. 얼마만큼의 '양'으로 일할지, 얼마만큼의 '질'로 일할지, 또 어느 '방향'으로 나아갈지 잘 생각해야 해. 또한 생각한 만큼 반드시 공부를 해야 하지. 그래야 상승효과가 나오거든."

"네, 그렇겠네요."

"따라서 요리사라면 자신의 가게를 내겠다는 '방향'으로 메뉴를 공부하고, 손님을 늘릴 방법을 공부하고, 경영을 배워서 '질'을 높여야 해. 그것을 일정 이상의 '양'으로 하면 비로소 일의 성과가 나올 거야. 누구에게나 일은 '평생에 걸친 커다란 주제'야. 케이도 일에 대해 진지하게 생각해봐. 왜 일하는지, 누구를 위해 일하는지, 어떤 일을 해야 하는지, 어떤 기분으로 일해야 하는지에 대해서 말이야. 그리고 마지막으로, '성공한 자산가'라는 것은 시선에 따라 달라진단다. 즉 어디를 보고 일하는지에 따라 달라지지. 땅만 보고 일할지, 정면을 보고 일할지, 업계 전체를 위해 또는 세계 전체를 위해 일할지. 어디를 보는지에 따라 성공의 정도가 완전히 달라질 거야."

"그렇군요. 어디를 보고 일하는지가 중요하군요. 솜 차이 씨, 정말 감사합니다. 앞으로 일에 대해 더 많이, 더 진지하게 생각해봐야겠어요."

내가 그렇게 말하자 솜 차이 씨는 정말 기쁜 듯이 미소를 지었다.

"케이, 일에 대한 질문은 대충 끝난 거 같구나. 그럼 지금부터는 내가 질문을 하지. 너는 앞으로 무엇을 하고 싶니?"

그 질문에 나는 긴장했다. 솜 차이 씨에게 계속 신세 질 수는 없는 노릇이었다. 바로 지금이 요 며칠 생각했던 것을 제안할 타이밍이었다!

"사실 저는 솜 차이 씨에게 제안할 게 하나 있어요. 치앙마이에 있는 솜 차이 씨의 레스토랑에서 일하고 싶어요. 하지만 비자 때문에 돈을 받고 일할 수는 없으니까 무보수로라도 일을 하고 싶은데, 괜찮을까요? 돈 대신에 일주일에 한 번씩 솜 차이 씨와 만나 대화하고 싶어요. 뻔뻔한 부탁이라는 것은 잘 알고 있어요. 하지만 솜 차이 씨의 가르침은 반드시 미래에 잘 활용하도록 할게요. 죄송해요. 지금은 그것밖에 약속할 수가 없어요. 솜 차이 씨의 레스토랑에서 일해도 될까요?"

"알았다. 계약 성립이다. 앞으로 무보수로 일하거라."

솜 차이 씨는 내 제안을 듣고 1초의 망설임도 없이 결단을 내려주었다. 그리고 매우 기분 좋게 말해줬다.

내 제안이 마음에 들었던 걸까, 아니면 무상으로 노동력을 얻게 된 것이 좋았던 걸까?

◆ ◆ ◆

이튿날 나는 솜 차이 씨의 레스토랑으로 갔다. 그곳의 점장은 젊고 혈기 왕성한 미국인이었다.

솜 차이 씨의 레스토랑은 태국 치앙마이로 온 전 세계의 관광객들을 상대로 한 '이탈리아 음식점'으로, 종업원은 모두 태국인이었다. 모두 좋은 사람들이었지만, 왠지 의욕은 없어 보였다. 치앙마이 사람들은 대부분 열심히 일하지 않는 것 같았다. 일본도 그렇지만, 시골 사람들은 대체로 느긋한 감이 있다.

한편 미국인 점장은 매우 빠릿빠릿한 사람으로, 미소가 할리우드 스타처럼 시원했다. 하지만 태국인의 리듬과는 맞지 않는 느낌이었다. 그것이 가게 내부의 커뮤니케이션을 어렵게 만드는 것 같았다.

점장의 모토는 'You can do it(너는 할 수 있어)!'이었다.

가는 곳마다 'You can do it!'을 외치며 종업원들과 강제로 하이파이브를 했지만, 모두들 이 행동에 당황해하는 듯했다.

그러나 태국인은 친절했다. 종업원들은 모두 웃는 얼굴로 점장과 함께 'You can do it'을 외쳤다. 역시 '미소의 나라'로 불리는 태국다웠다. 나는 그저 감탄하면서 그 모습을 지켜봤다.

일설에 따르면 태국인은 '열세 종류의 미소'를 구사한다고 한다. 게스트하우스 장기 투숙객인 일본인 선배의 말에 의하면 태국인에게는 '상대방에게 맞춘 영업 스마일'도 있다고 했다. 그래서 나는 이렇게 생각했다. 비록 종업원들은 웃고 있지만 미국인 점장을 좋아하지 않을 거라고. 열심히 일하는 점장과 종업원들의 미소를 보고 있자니 뭔가 이상한 기분이 들었다.

그날 밤, 나는 내가 할 수 있는 것을 서른 개쯤 적어보려 했다. 앞으로가 나의 '진짜 실력'을 시험해볼 때였다. '양과 질과 방향이 성공을 결정한다'면 나는 이 가게에 무엇을 제공해야 할까?

무엇을 해야 '큰 성과'로 이어질까?

좋아, 솜 차이 씨를 깜짝 놀라게 해주자. '역시, 다이조의 손자'라고 감동시켜주자!

그렇게 생각하는 것만으로도 온몸이 뜨거워졌다.

그러고 나서 획기적인 아이디어를 짜내기 위해 나는 머리를 싸매고 노력했다. 그러나 몇 시간 후에 나온 것은 고작 아이디어 두 개뿐이었다.

❶ 활기차고 친절한 접대
❷ 일본의 물수건 서비스

종이에 쓴 아이디어를 보고 부끄러움에 한숨이 나왔다.
일본의 평범한 대학생인 내가 태국에서 제공할 수 있는 것은 고작 이것뿐이었다.
그러나 어쨌든 이거라도 해볼 수밖에 없었다.

나는 독자 메뉴를 개발하기 위해 매일 밤늦게까지 주방에서 시제품을 만들었다.
그리고 주방장의 도움으로 완성된 것이 '똠양꿍 피자'였다.
태국에서 가장 인기 많은 음식과 세계에서 가장 인기 많은 음식의 콜라보.
똠양꿍 피자!
시제품을 시식해보니 생각보다 엄청 맛있었다.

이렇게 맛있는 음식을 만든 나는 '요리 천재'일지도 모른다고 생각했다.

이튿날 '신 메뉴, 똠양꿍 피자'의 전단지를 대량 인쇄해 가까운 곳부터 차례대로 나눠줬다. 솜 차이 씨가 점장에게 '케이의 모든 도전에 꼭 협조해달라'고 부탁했기 때문에 점장의 허락은 쉽게 받아낼 수 있었다.

나머지는 신 메뉴 발매일만 기다리면 되었다.

신 메뉴 발매 당일. 가게는 평소와 다름없이 장사를 시작했다. 그러나 오후 2시가 되어도, 4시가 되어도, 저녁시간이 돼도 똠양꿍 피자를 시키는 사람은 한 명도 없었다.

가게에 온 관광객에게 물어보니 "매운 음식은 먹고 싶지 않아요. 일반 피자였다면 좋았을 텐데!"라는 대답이 돌아왔다.

모두 방콕을 경유해 이곳까지 온 사람들이기 때문에 치앙마이에 도착할 무렵에는 '태국 요리'의 매콤함에 싫증이 난 것 같았다.

피자라면 일반 피자가 먹고 싶지 일부러 똠양꿍 맛이 나는 피자는 먹고 싶지 않다, 태국 요리를 좋아하면 몰라도…….

이 생각은 일본인도 다른 외국인도 마찬가지였다.

대단하다고 생각한 내 아이디어는 '환상의 성공'으로, 헛된 기쁨에 지나지 않았다.

확실히 '비즈니스의 최대 실패는 자신의 착각'이다.

나는 내 어리석음과 뒤떨어진 감각에 침울해졌다.

나에게 남은 것은 대량 인쇄된 똠양꿍 피자의 전단지뿐이었다.

그날 밤, 나는 매달리는 심정으로 〈일곱 번째 편지〉를 펼쳤다.

거기에는 마치 이렇게 될 줄 알았다는 듯이 '실패'라는 글씨가 쓰여 있었다.

어쩌면 할아버지는 '천국'에서도 모든 것을 꿰뚫어보고 있는지도 몰랐다.

Part 07

일곱 번째

편지:

실패 Failure

네가 이 편지를 펼쳤다는 것은 무언가에 큰 실패를 했다는 뜻이겠지. 그리고 조금은 침울해졌을지도 모르겠구나.

하지만 침울해할 필요도, 걱정할 필요도 없단다.

나는 실패의 세계에서 '훈장'을 받아도 좋을 만큼 멋진 실패를 많이 한 사람이란다.

내가 부끄러운 실패를 얼마나 많이 했는지를 알면 너도 분명 용기를 내게 될 거다.

그것들은 모두 생각만 해도 '진땀'이 나는 일들이었지. 나는 실패를 몰고 다녔다고 해도 과언이 아닐 거야. 특히 젊었을 때는 나는 정말 실패 덩어리였단다.

고객이 주문한 것보다 열 배나 많은 물품을 발주한 적도 있고, 수금용 지갑을 잃어버린 적도 있었지. 외국에 갔을 때는 단체 관광객의 여권을 통째로 잃어버린 적도 있었단다.

지금도 가끔 그때의 일을 떠올리면 아찔하기만 해.

사업을 시작한 후에도 실패의 연속이었지. 이런 나도 마지막에는 재벌이 되었으니 너도 꼭 잘할 수 있을 거란다.

오늘은 실패투성이였던 내 인생에 대해 얘기해주마.

'실패가 많은 인생은 추억도 많다'는 말이 있단다. 내 나이가 되면 그 말을 실감할 수 있게 되지.

사람들은 나를 보고 '재벌'이라고 한다. 그만큼 남들 눈에는 내가 '경제적으로 성공한 사람'처럼 보였을 거다.

하지만 실제로는 사업에서도 인생에서도 나는 성공한 적보다 실패한 적이 훨씬 많단다.

다른 시각으로 보면 '많이 도전했으니까 많이 실패했다'고도 말할 수 있을 거야. 나는 위험을 무릅쓰고 많이 도전했기 때문에 그만큼 비즈니스에 성공한 거란다.

야구에서도 타율이 30퍼센트가 넘는 사람을 강타자라고 부른단다. 반대로 말하면 열 번 중에 일곱 번 실패해도 성공적인 사람이 될 수 있다는 뜻이야.

즉 크게 성공한 사람도 인생의 상당 부분은 '침울하고 답답한 시간'을 보낸단다.

결과적으로 성공한 사람조차도 인생의 70~80퍼센트는 실패의 시간을 갖지.

즉 누구에게나 행복한 시간은 오래가지 않는다.

그것은 '등산'과도 같아. 산에 오를 때는 죽을 만큼 힘들지만, 막상 정상에 도착하면 탁 트인 풍경을 볼 수 있지. 정상에서 잠시 풍경을 즐겼다면 이번에는 또 다른 정상을 노려야 해.

물론 가벼운 옷차림으로 완만한 둘레길을 걷는 안정된 등산도 있지.

하지만 완만한 길을 걸으면 마음이 맑아지는 풍경은 볼 수 없을 거다.

도중에 불안감과 시행착오를 겪어야 성공했을 때 몇 배나 많은 행복감을 느낄 수 있는 거란다.

즉 골짜기가 깊어야 산의 높이를 실감할 수 있는 거지.

그렇게 생각하면 '실패'도 나쁜 것만은 아니지 않니?

행동하면 반드시 실패가 따라붙게 돼 있어. 반드시 그렇지. 그건 피할 수 없는 사실이야.

너도 앞으로 '멋진 실패'를 많이 경험할 거다.

하지만 아무것도 행동하지 않았을 때보다 실패했을 때가 훨씬 더 성공에 가까워진단다.

'실패의 본질'과 실패를 회복하는 방법만 알면 두려워할 것은 아무것도 없게 되지.

즉 성공하기 위해서는 실패가 반드시 필요해. 이 사실을 꼭 기억해두렴. '실패하지 않는 성공은 위험하다'고 말이야.

실패해도 포기하지 않고 계속해서 행동하는 사람이 성공할 확률은 열 배, 아니 백 배나 높단다.

유감스럽지만 실패하지 않는 방법은 이 세상에 존재하지 않아. 따라서 '실패는 성공을 위한 통과 지점'이라고 생각하면 좋겠지. 실패해도 또다시 도전하면 반드시 성공할 수 있단다.

그럼 실패한 다음에는 어떻게 해야 될까?

대답은 간단하단다.

실패를 만회할 방법을 생각하고 행동하는 거야.

곰곰이 생각한 후에 '이렇게 하자!' 결정했다면, 그다음은 바로 행동으로 옮겨야 하는 거지.

이것저것 하면서 시간을 보내도 바뀌는 건 아무것도 없다. 그것보다 '한 가지를 선택한 후에 그것을 위해 온 힘을 다해 행동하는 것'이 중요하단다.

만약 그 선택지가 틀렸다면 그때는 또다시 다른 길을 선택하면 되고, 맞았다면 그대로 나아가면 되는 거야.

어떠니? 그렇다면 선택하는 데에 시간을 많이 들일 필요는 없지 않겠니?

실패란 또 다른 깨달음이란다.

실패했을 때는 누구나 괴로워하지. 괴로워하지 않는 게 오히려 이상한 거야.

그러나 괴로워만 할 뿐 행동을 멈춘다면 앞으로 나아갈 수 없게 된단다.

과거에 대해서 우리가 할 수 있는 것은 '인정하는 것'뿐이다. 과거는 바뀌지 않기 때문이지.

괴로워해도 좋아. 하지만 실패해도 행동을 멈춰서는 안 돼.

인생에는 내가 서툰 분야도 있지만 내가 잘하는 분야도 있단다. 한 가지 분야에서 실패했다면 다른 분야에서 성공하도록 노력하면 되는 거야.

나도 '사업'에서는 성공했지만, 세상에서 가장 중요한 '가족관계'에서는 실패했단다. 그래서 내 삶은 '빛 좋은 개살구' 같았지.

변명은 아니지만, 누구에게나 이름이 알려진 큰 사업가 중에는 '가족관계'가 좋지 못한 경우가 실제로 많이 있어. 즉 사업과 가족이라는 두 마리 토끼를 잡는 일은 좀처럼 쉽지 않은 일이다.

또한 길고 긴 인생을 살다 보면 '병'에 걸리거나 '사고'를 당하는 일도 있을 거야. '병'과 '사고'도 어떤 의미에서 보면 '실패'에 포함되지.

하지만 나는 병이나 사고에 따른 불행은 '실패'라고 생각하지 않는단다.

병이 나고 사고를 당하면 몸이 내 마음대로 움직이지 않아 우울해지고 침울해질 거다. 나도 그런 경험을 해봤으니까 그들의 심정은 충분히 이해할 수 있어.

하지만 그것은 말 그대로 '불편'한 것뿐이야. 따라서 절대 '불행'해질 필요는 없지.

암에 걸려 시한부 선고를 받거나, 사고를 당해 장애인이 되는 경우는 누구에게나 일어날 수 있는 일이야.

하지만 그런 일은 '나에게 가장 중요한 것이 무엇인지' 깨우쳐주기도 한단다.

한정된 시간 속에서 내가 무엇을 할 수 있을지, 무엇을 해야만 하는지 볼 수 있게 되지. 그래서 병과 사고는 실패가 아니라 '모닝콜' 같은 거란다.

몸이 불편한 인생보다 무엇을 하고 싶은지 모르는 인생이 더 불행한 삶이란다.

너에게 묻고 싶은 게 하나 있다.

인생의 의미란 '건강하게 장수하는 것'일까?

나는 아니라고 생각한다. '자신에게 주어진 목숨을 의미 있게 쓰는 것'이 인생의 의미라고 할 수 있지.

그럼 일어나서 다시 한번 도전해보거라.

성공은 어려운 것 같지만 사실은 그렇지 않단다. 도전하는 사
람이 적기 때문에 사실은 경쟁상대가 없는 거나 마찬가지지.

언제 어디서나 너를 응원하마!

편지를 내려놓자 가슴 한쪽이 따뜻해졌다.

할아버지도 실패가 많은 인생을 살았다니, 조금은 마음이 놓였다. 아니, 매우 큰 용기를 얻었다.

그러나 역시 '실패'하면 사람은 괴로워진다. 할아버지의 편지에 큰 용기를 얻었지만, 솜 차이 씨에게 실패를 보고할 생각을 하자 가슴이 무거워졌다.

◆ ◆ ◆

주말. 나는 무거운 다리를 이끌고 솜 차이 씨의 집으로 향했다.

평소처럼 나는 점심시간 때 그 집에 도착했다. 아무 일도 없다는 듯이 화목한 시간이 흘러갔고, 점심식사 요리가 차례대로 나왔다.

겉모습만 보면 솜 차이 씨는 내가 실패한 사실을 모르는 사람 같았다. 하지만 전혀 그럴 리가 없었다.

점장은 내가 무엇을 하는지 솜 차이 씨에게 매일같이 보고할 게 분명했다.

일부러 내 실패를 이야기하지 않는 솜 차이 씨의 배려가 오히려 나를 고통스럽게 만들었다.

점심식사가 끝나갈 무렵, 아무래도 말을 해야 할 것 같아서 나는 프로젝트 실패에 대한 이야기를 간략하게 털어놨다.

"죄송해요. 대실패했습니다."라고 말하며 고개를 깊이 숙였다.

"뭐가 죄송하다는 거니? 그래, 확실히 전단지는 쓸모없어졌지. 하지만 뚬양꿍 피자에 쓰다 남은 재료는 다른 음식에 쓰면 되니까 피해는 거의 없는 거나 마찬가지란다. 네가 말하는 실패는 전혀 실패가 아니야. 적어도 나는 그렇게 생각한단다. 실패는 커녕 너는 위험을 무릅쓰고 도전했잖니. 그건 '훈장'감이란다. 왜냐하면 '실패해도 계속 도전하다 보면 언젠가 반드시 성공하는 날이 오기' 때문이지. 계속 도전하는 한 그것은 실패가 아니야. 도전을 멈출 때 비로소 실패가 확정되지. 성공을 위한 유일한 방법은 실패해도 포기하지 않고 계속 도전하는 거란다. 그리고 네 행동은 가게 홍보에 매우 큰 도움이 됐어. 다른 지역 신문에도 뚬양꿍 피자의 이름이 실렸지. 그런 의미에서 보면 전단지도 쓸모없어진 건 아닐 거야. 케이. 사실은 정말 잘했단다. 훌륭해!"

솜 차이 씨가 그렇게 생각한다면 다행이었지만, 나는 왠지 혼란스러웠다.

나를 위로하는 말인지 칭찬하는 말인지 이해가 되지 않았다.

멍하니 있는 나에게 솜 차이 씨가 말했다.

"너에게 '금메달'을 줄게. 이것은 도전에 실패한 사람을 칭찬하는 메달이야."

그렇게 말하며 그는 바지 주머니에서 금메달을 꺼냈다.

솜 차이 씨는 이 메달을 계속 준비하고 있었던 걸까…….

"저를 위로해줄 거라고는 생각조차 하지 못했어요. 솜 차이 씨의 따뜻한 배려에 정말 감동했습니다. 그런데 실패했는데 왜 금메달을 주시나요?"

"그것은 '도전하는 사람이 가장 위대'하기 때문이야. 우리 회사에서는 성공한 사람에게는 '은메달'을 줘. 하지만 위험을 무릅쓰고 도전해 멋지게 실패한 사람에게는 '금메달'을 주지. 나는 실패를 좋게 평가하는 사람이야. 왜냐하면 앞에서도 말했듯이 '성공을 위한 유일한 방법은 실패해도 포기하지 않고 계속 도전하는 것'이기 때문이지. 현재 인류가 이룬 모든 것들은 전부 실패에서 비롯된 거란다. 실패라는 것은 '무언가에 과감히 도전했다'는 증거지. 그래서 실패가 대단하다는 거야. 살면서 실패를 한 번도 겪지 않고 인생을 마감하는 사람도 있어. 그건 한 번도 도전하지 않았다는 것을 의미하기도 해. 케이, 대실패한 걸 축하한다!"

실패한 것을 칭찬받게 되자 나는 왠지 눈물이 나올 것만 같았다.

나는 그 눈물의 의미가 기쁨인지 부끄러움인지 알 수 없었다.

내가 온 힘을 다해 도전한 것은 사실이었다.

하지만 방향이 틀렸다.

맞아, '진짜 성공한 사람'은 실패를 칭찬해주는 사람일지도 몰라.

나는 이 순간을 평생 잊지 못할 것 같았다.

무슨 일이 있어도 솜 차이 씨의 따뜻한 배려에 반드시 보답해 드리고 싶었다.

솜 차이 씨가 또다시 말을 꺼냈다.

"너도 월트 디즈니를 잘 알고 있을 거다. 월트 디즈니 컴퍼니는 지금 디즈니랜드를 비롯해 전 세계에 약 18만 명의 직원을 둔 대기업이 됐지. 하지만 그런 디즈니도 처음에는 실패의 연속이었단다. 그는 사업이 파산하는 등 몇 번의 큰 실패를 경험했지. 누구나 일을 많이 하면 많이 실패할 수밖에 없단다. 디즈니도 실패하지 않는 게 이상할 정도로 정말 많은 일을 했어. 하지만 그는 '낙천주의자'여서 실패도 주변의 평가도 전혀 신경 쓰지 않았지. 이를테면 영화를 제작할 때 좋은 작품이 만들어지지 않아도 '다음번에는 반드시 잘해보자'며 직원들에게 용기를 줬다고 하는구나. 새 스튜디오를 차릴 때도 '회사가 망하면 어떻게 하려고 그러니?'라는 아버지의 말에 '만약 실패해도 뒤처리는 간단해요. 내가 만화에 실패하면 이 스튜디오는 텅 빈 공간이 되겠지요. 그럼 복도에 방을 많이 만들어 병원으로 팔면 돼요.'라고 대답했지. 그가 실패에 굴복하지 않고 계속해서 도전한 덕분에 우리는 지금 '디즈니' 엔터테인먼트를 즐길 수 있는 거란다."[11]

"전혀 몰랐어요. 월트 디즈니도 실패를 반복했지만 계속해서 도전한 덕분에 성공한 거군요."

"그럼, 말이 나온 김에 실패에 대해 더 얘기해보도록 하지. 성공에는 많은 요인이 있지만, 실패에는 대부분 '세 가지 요인'밖에 없단다. 실패한 이유에 대해서는 직접 따끔한 맛을 봐야만 비로소 알 수 있어."

"사람은 왜 실패하는 걸까요?"

"하하하. 그것은 '인류의 큰 수수께끼'란다. 사람은 지상에 존재하는 모든 동물 중에 가장 똑똑한데 왜 똑같은 실수를 반복하는 걸까? '실패의 이유'는 크게 세 가지로 나눌 수 있어. **첫 번째는 '오만함' 때문이야.** 누구나 오만하게 욕심을 내면 실패하게 되어 있어. 자신의 분수를 모르고 멈춰야 할 때 멈추지 않으면 일에서도 투자에서도 크게 실패하게 되어 있지. 오만함에 빠지면 사람은 귀가 닫히고 눈이 멀게 돼. 자신의 감정에 휘둘려 오만해지고, 그 오만함 때문에 자멸해가는 사람은 실제로 많이 있단다. 꾸준히 성공하는 사람은 '지나침은 독'이라는 사실을 잘 알고 있어. 그래서 그들은 누군가에게 칭찬을 들으면 '매우 고맙지만, 앞으로 정신 바짝 차려야겠다'고 생각하지. 이렇듯 인간은 '오만해지기 쉬운' 동물이야. 겸손하게 있지 못하는 동물이지.

두 번째는 '안이한 계획과 검증' 때문이야. '어떻게든 되겠지'라는 안이한 생각으로는 절대 성공할 수 없단다. 돈, 시간, 능력이 충분하지 않은데도 불구하고 막무가내로 일을 시작하는 사람이 있지. 이러한 경우는 대부분 도중에 실패하게 되어 있어.

적당히 하면 개집 정도는 지을 수 있지만, 치밀한 계획과 구조계산이 없으면 큰 빌딩은 지을 수 없는 거란다. 이것도 잘 생각하면 금방 알 수 있을 거야.

세 번째는 '인간관계' 때문이지. 대부분 실패의 이면에는 인간관계가 있어. 인간관계에서 특히 중요한 것은 의사소통이야. 의사소통이 잘되지 않으면 인간관계의 문제가 싹트기 시작하지. 이렇듯 '사소한 엇갈림'이 돌이킬 수 없는 사태로 발전하는 경우도 종종 있어. 그중에서도 가장 비참한 것이 '남녀관계의 실패'일 거야. 돈은 다시 벌면 부자가 될 수 있고, 일도 다시 하면 성공할 수 있지. 그러나 인간관계, 특히 '남녀관계'에서 실패하면 사람은 오랫동안 슬픔에 잠기게 돼. 애인이나 가족과 이별하면 한동안은 가슴이 뻥 뚫린 듯한 느낌이 들잖아. 이렇듯 사랑하는 사람과 관계가 틀어지면 인생 전체가 무너지게 되는 거야."

"……."

이건 완전히 내 이야기였다.

솜 차이 씨의 이야기를 듣는 순간 '에미와 이별한 충격'이 새삼 크게 다가왔다.

'남녀관계'의 이야기는 나에게만 해당되는 것이 아니었다. 아버지와 할아버지에게도 해당되는 이야기였다.

'배우자와의 관계 역시도 진지하게 생각해야 한다.' 나는 가슴에 화살이 꽂히는 듯한 고통을 느꼈다.

그런 내 마음을 모르는 듯이 숨 차이 씨는 말을 이었다.

"케이, 한번 실패한 남녀관계를 다시 회복시키는 데는 시간이 많이 걸리는 법이야. 하지만 이것보다 더 큰 문제가 있지. 그것은 이전의 관계가 아직 마음속에 남아 있는데도 불구하고 새로운 관계를 맺어버리는 거야. 그러면 애인이 눈앞에 있어도 이전에 사귀었던 사람이 머릿속에서 떠나질 않아 지금의 관계를 망쳐버리게 되지. 인간의 나쁜 버릇 중에는 '비교'라는 게 있어. 즉 이전의 애인과 현재의 애인을 비교해버리는 거야. 그러면 현재의 애인에게 불만을 느끼게 되고, 결국 지금의 관계에 집중할 수 없게 되지. 이렇게 과거가 남아 있으면 새로운 관계도 탄생되지 않는 거야."

나는 순간 아찔했다.

에미와의 관계도 아직 깨끗하게 정리하지 못했는데, 치앙마이 미인 노이에게 나는 마음을 빼앗겨버렸다. 이 이야기는 진짜로 내 이야기였다.

나는 한숨이 나왔다.

나 때문에 쉰 한숨을 오해한 숨 차이 씨는 이렇게 말했다.

"하하하. 실패 이야기만 해서 분위기가 조금 어두워졌구나. 하지만 케이, 정말 중요한 게 있어. 실패를 통해 배우면 더 성장할 수 있는 거야. 넘어져도 다시 일어나면 돼. 돈을 잃으면 다시 벌면 되고, 사랑을 잃으면 또 다른 사랑을 찾으면 돼. 케이, 너라면 할 수 있을 거다."

"고맙습니다, 솜 차이 씨."

나는 그렇게밖에 말할 수 없었다. 많은 이야기를 들을 수 있어서 기뻤지만, 왠지 마음이 무거웠다. 실패도 그렇지만 특히 '남녀관계'가…….

◆ ◆ ◆

그날 밤, 조금 침울했지만 마음을 바꿔 기사회생할 계획을 생각하기로 했다. '성공을 위한 유일한 방법은 실패해도 포기하지 않고 계속 도전하는 것'이라는 말이 가슴속에 남아 있었다.

비록 보기 좋게 넘어졌지만 다시 일어나보자!

다음 날, 나는 거리를 돌아다니면서 여행자나 치앙마이에 거주하는 외국인들에게 '어떤 레스토랑에 가고 싶은지' 물어봤다.

그렇게 물은 조사 결과는 지극히 평범했다. 모두 똑같은 대답을 했다.

"심플하고, 싸고, 맛있는 이탈리아 요리를 먹고 싶다."

나는 흰 종이를 앞에 두고 광고 문구를 생각하느라 머리를 쥐어짰다.

그리고 얼마 지나지 않아 "똠양꿍도 좋지만 피자, 파스타로 고향의 맛을 느끼고 싶은 당신에게"라는 광고 문구를 생각해냈다.

전단지에 붙어 있는 '쿠폰'을 지참한 사람에게는 피자를 '50퍼센트 할인'해주기로 했다. 그리고 전단지를 지참한 4인 이상의 단체 손님에게는 음료수 한 잔을 '무료'로 주기로 했다.

또다시 전단지를 인쇄해 외국인이 많이 묵는 호텔에 비치했다. 똑같은 전단지를 영어 버전으로 하나 더 만들어 관광지를 돌고 있는 배낭여행자들에게도 나눠줬다. 가게 근무를 마치고 야시장으로 가서 레스토랑의 이름을 외치며 전단지를 나눠주기도 했다.

이튿날 아침, 피곤한 몸을 이끌고 가게로 출근했다.

아직 11시 오픈 전인데도 불구하고 배낭여행자들이나 나이가 지긋한 일본, 중국, 미국, 유럽 사람들이 전단지를 손에 들고 가게 앞에 서 있었다.

모두 '태국 음식은 좋아하지만, 계속 매운 음식만 먹다 보니 속이 아파 피자나 파스타가 먹고 싶었다'고 입을 모아 말했다.

또한 '피자, 파스타 반값'에 이끌린 젊은 사람들도 많이 있었다.

좋아, 이번에는 내가 '예상한 대로'다.

내 예상이 적중하자 나는 뛸 듯이 기뻤다.

이번에는 가설과 검증이 완벽하게 맞아떨어졌다.

무엇보다 '고객 입장에서 계획했다는 점'이 이번 프로젝트의 성공 비결인 것 같았다.

'쿠폰'을 만든 덕분에 가게를 다시 찾는 손님들도 늘어났다. 프로젝트를 시작한 지 얼마 되지도 않았는데 벌써 쿠폰 다섯 개를 모아 무료 피자와 음료 무제한을 즐기는 사람도 있었다.

'쿠폰'은 치앙마이에 장기 체류하는 외국인에게 인기가 높았다.

성공하는 비즈니스는 단골손님에 의해 완성되는 것 같았다.

단골손님에게는 음식 값을 대폭 할인해줘도 충분한 수익을 남길 수 있었다. 그리고 무엇보다 단골손님들이 가게에 활기를 불어넣어 준 덕분에 새로운 손님도 계속해서 가게에 몰려들었다.

시간이 지날수록 가게 앞의 줄은 점점 더 길어졌다. 이상하게도 가게 앞에 길게 늘어선 줄이 새로운 손님을 또 불러들였다. 이렇게 해서 줄은 더욱더 길어졌다.

나는 '성공이 성공을 부른다'는 말을 실감했다.

어떠한 일을 하더라도 실패를 겪어야 성공할 수 있고, 계속해서 도전해야 좋은 결과를 얻을 수 있다는 것을 뼈저리게 느꼈다.

앞으로 내가 어떤 일을 하게 될지 모르지만, 이 성공의 경험을 잘 기억해두고 싶었다.

'결정하고 행동하면 꿈은 이루어진다.' 나는 마음속으로 몇 번이나 승리 포즈를 취했다.

· · ·

그 주 주말, 나는 어깨에 잔뜩 힘을 주고 솜 차이 씨를 만나러 갔다.

그러나 점심식사가 시작되어도 그는 지난번처럼 세상 돌아가는 이야기만 할 뿐 좀처럼 본론을 꺼내지 않았다. 나는 지난번처럼 애가 탔다.

식사가 끝나고 디저트가 나왔을 때, 참지 못한 내가 먼저 말을 꺼냈다.

"저기……, 이번 주에 가게에서 무슨 일이 있었는지 혹시 못 들으셨어요?"

나는 주인에게 칭찬받기 위해 공을 물고 와 꼬리를 흔드는 강아지처럼 그의 대답을 기다리고 있었다.

칭찬받고 싶다, 인정받고 싶다는 감정이 온몸에 퍼졌다.

"하하하, 케이는 뭔가 큰 착각을 하고 있는 거 같구나."

그렇게 말하며 솜 차이 씨는 내 얼굴을 똑바로 쳐다봤다.

"확실히 아이디어는 케이 자네 것이 맞아. 하지만 다른 사람의 도움이 없었다면 이 프로젝트는 실패했을 거야. 가게를 찾아준 손님은 물론이고, 많은 호텔들도 자네를 도와줬지. 가게 직원들도 너와 함께 열심히 일해줬을 거야. 지금 너는 오롯이 네 덕분에 성공한 거라고 생각하는 것 같은데, 그 생각은 완전한 착각이란다."

뭐야? 왜 나를 칭찬해주지 않지?

내 상상과 반대 방향으로 이야기가 흘러가자 나는 당황스러웠다.

아버지에게 한 번도 칭찬받지 못한 나는 '칭찬받고 싶다는 바람'이 남들보다 몇 배나 강한 사람이었다.

나는 저항하고 싶은 마음을 억누르지 못한 채 불만을 말했다.

"저번 주에는 실패해도 상을 주셨잖아요. 그런데 이번 주는 그 실패를 만회했는데 왜 칭찬해주지 않으세요? 당연히 훌륭하다고 칭찬해주실 줄 알았는데……."

"하하하. 케이, 무슨 큰 착각을 하고 있는 거 같구나. 네 아이디어 덕분에 가게가 잘된 것은 사실이야. 하지만 너무 바빴지. 가게가 너무 바쁘다며 두 명이나 아르바이트를 그만뒀다는구나. 너는 모르겠지만, 치앙마이에서 새 직원을 구하는 일은 쉽지 않단다. 일본과 달리 태국 사람들은 바쁜 가게를 싫어해. 하하하. 그건 생각지도 못했지?"

"네? 가게가 너무 바빠서 일을 그만뒀다고요? 정말이에요? 저는 전혀 몰랐어요. 조금 바쁘지만 우리 가게가 잘돼서 기쁘게만 생각하고 있었는데. 보통은 장사가 잘되면 자부심을 느끼지 않나요? 바쁜 만큼 서로 의기투합해서 일하면 되잖아요?"

그렇게 말하고 있는 내 머릿속에서 "그건 어느 나라 상식이야? 여기는 태국이라고!"라는 목소리가 들려왔다.

놀라움과 조바심으로 나는 완전히 혼란스러워졌다. 전혀 상상하지 못한 결과였다.

나는 가게를 위해 애썼다며 당연히 칭찬받을 줄 알았다.

잘하려고 노력했던 내 행동이 오히려 '중요한 것'을 깨부수는 행동이 될 줄이야.

나는 한 번도 그런 걸 생각한 적이 없었다.

혼란스러운 내 마음을 눈치 챘는지 솜 차이 씨가 부드럽게 말했다.

"하하하. 이제 깨달았나 보구나. 성공은 종종 역효과를 가져오기도 한단다. **실패 안에 성공이 있고, 성공 안에 실패가 있는 거지.** 이 말을 꼭 기억해두렴. 그럼 혼란스러울 일도 없을 거야."

"너무 깜짝 놀라 말이 나오지 않아요."

"내가 말했지? 인생에서 실패로 가는 지름길은 '오만'이라고. 오만은 항상 인생을 함정에 빠트리지. 그래서 주의해야 하는 거야. 오만은 나를 잃는 것에서 시작돼. 이것을 꼭 기억해두기 위해 오늘은 메달이 없단다. 유감스럽지만 말이야. 하하하."

그렇게 말하며 솜 차이 씨는 매우 유쾌한 듯이 큰 소리로 웃었다.

솜 차이 씨 정도로 성공한 사람이 되면 '실패는 즐거움'이 될까.

지금 내 얼굴은 기다렸던 칭찬을 얻지 못한 강아지 같은 표정이었을 것이다.

나는 온몸에 힘이 빠지는 느낌이 들었다.

그러나 동시에 '가장 중요한 것'을 배운 만족감도 있었다.

그날 밤, 오랜만에 솜 차이 씨의 집에서 하룻밤 묵기로 했다.

비록 넘어졌지만 공짜로 일어날 생각은 없었다.

심기일전. 이제부터 다시 반격을 준비하자!

◆ ◆ ◆

나는 나름대로 '무엇이 진짜 성공인지' 생각해보았다.

지난번 프로젝트에서는 '매상 올리기'에 전념했었다. 나는 그것이 성공이라고 생각했지만, 그 생각에는 '직원의 행복'이 빠져있었다.

성공은 매상만으로 결정되는 것이 아니다. 가게의 모든 직원들이 행복하게 일해야 진짜 성공이다.

좋아, 내가 할 수 있는 것부터 해보자!

이런저런 생각 끝에 우선은 가게를 그만둔 직원을 다시 데려오기로 했다. 나는 태국어를 잘하지 못하기 때문에 노이에게 통역을 부탁했다. 이것은 나로서도 좋은 작전이었다. 일도 하고 노이도 볼 수 있었기 때문이다.

노이와 만날 생각에 나는 가슴이 두근거렸다.

무엇을 하든지 '가슴 뛰는 일'을 하는 것이 중요하다.

가게를 그만둔 직원을 찾아갔지만 그들은 '너무 바쁜 가게에서는 일하고 싶지 않다'며 내 부탁을 거절했다. 그러나 '네가 없으니까 가게가 잘 돌아가지 않아. 같이 재밌게 일해보자.' 하며 내가 열심히 설득하고, 노이가 귀엽게 부탁하자 '그럼 조금만 도와주겠다'며 다시 가게에 나오기로 약속해줬다.

그러고 나서 나는 점장에게 부탁해 매상의 일부를 특별 상여금으로 직원들에게 지급하기로 했다.

또한 근무시간을 잘 조절하여 휴식시간도 늘렸다.

'새로운 근무 환경' 덕분인지 모두들 이전보다 즐겁게 일하는 것처럼 보였다. 가게에도 활기가 되살아났고, 활기에 맞춰 매상도 자연스럽게 올라갔다.

모든 직원들이 우리 가게에서 일하는 것을 자랑스럽게 생각하는 것 같아 나도 매우 기분이 좋았다.

◆ ◆ ◆

그 주 주말, 나는 솜 차이 씨와 또다시 점심식사를 했다.

잠시 세상 돌아가는 이야기를 나누는 동안 나는 또 애가 탔지만, 어느새 그것에도 익숙해졌다.

디저트가 나왔을 때 이윽고 내가 기다리던 말을 들을 수 있었다.

"케이, 아주 잘했더구나. 점장한테 얘기 들었어. 가게에 있던 직원들을 다시 데리고 온 것뿐만 아니라 그들의 친구나 형제까지 직원으로 받아줬다면서? 정말 훌륭한 생각이야. 그건 좋은 가게가 되었다는 증거지. 너는 매상을 올리는 것보다 더 중요한 것을 생각한 거란다. 일의 기쁨이란 관계자 모두를 행복하게 만들어주는 거란다. 관계자는 같이 일하는 직원, 손님, 거래처 등 내 일과 관련된 모든 사람들을 말해. 일의 포인트를 잘 잡으면 무엇을 하더라도 성공할 수 있을 거야. '내가 존재함으로써 이 세상이 좋아졌다.' 이것을 실감할 수 있으면 자연히 행복도 느낄 수 있게 될 거야. 누군가를 행복하게 만들어주는 것만으로도 만족감과 행복감을 얻을 수 있어. 그리고 그 만족감과 행복감이 '인간의 그릇'을 키워준단다. 이미 수십 년 전의 일이지만, 다이조가 내게 가르쳐준 말이 있어. 그는 '일하다'를 일본어로 '하타라쿠(働く(はたらく))'라고 부른다고 했어. 하타라쿠는 '주변 사람(はた(하타))을 편안하게(らく(라쿠)) 해준다'는 의미라고 했지. 나는 그 말을 듣고 정말 훌륭한 말이라고 생각했어. 즉 **인생의 목적은 나를 이용해서 다른 사람을 행복하게 만들어주는 것**이란다. 다른 사람을 행복하게 만들어줄 때 비로소 나도 행복해지는 거지. 설령 내가 빈털터리가 돼도 말이야. 따라서 내 노력도 재능도 아끼면 안 돼. '내가 가지고 있는 것을 전부 주겠다'는 마음으로 일해야 해. 그렇게 하면 무엇을 하더라도, 어디에 있더라

195

도 너는 꼭 성공할 거야. 분명 누군가에게 사랑받고 존경받을 수 있을 거란다."

"네."

내 나이에 이런 것을 배울 수 있는 행운아는 아마 많지 않을 것이다. 나는 온몸의 감각을 총동원해 그의 말을 한마디라도 놓치지 않으려고 노력했다.

"고맙구나. 너는 단기간에 많은 걸 배웠어. 그리고 그 배움으로 가게 직원들에게 일하는 기쁨을 주었단다. 진심으로 고맙구나. 역시 다이조의 손자다워. 이 짧은 시간 동안에 자신의 머리로 생각하고, 행동하고, 실패를 겪으면서 성공하는 젊은이는 별로 없을 거야. 또한 자네만큼 깊은 깨달음을 얻은 젊은이도 없겠지. 진심으로 네가 자랑스럽구나. 오늘부터 너는 내 손자이기도 해. 너도 나를 친할아버지로 생각하면 좋겠구나. 케이, 정말 잘했다."

나는 그 말에 가슴이 벅찼다. 가슴을 울리는 말이란 이런 말인 것 같았다. 최근 몇 주간 죽을힘을 다해 노력했기 때문에 '내 행동이 관계자 모두를 행복하게 만들어줬다'는 것이 무엇보다 기뻤다.

할아버지, 내가 해냈어요!

도쿄에서 시작해 오타루, 교토, 고베, 방콕, 치앙마이로 여행을 떠난 이 수개월간의 노력이 한순간에 보상받는 느낌이었다.

솜 차이 씨는 감격에 떨고 있는 내 손을 잡아줬다.

그도 내 성공을 진심으로 기뻐해주고 있었다.

나는 이 순간을 평생 잊지 못할 것 같았다.

◆ ◆ ◆

식사 후 차와 과일이 나와 우리는 소파로 자리를 옮겼다. 지금까지 줄곧 웃고 있던 솜 차이 씨의 표정이 조금 진지하게 변했다.

"그런데 케이, 너는 치앙마이의 레스토랑에서 무료 봉사를 하기 위해 여행을 떠난 게 아니지 않니. 슬슬 다음 목적지로 가봐야 하지 않겠니?"

"네, 사실 저도 그렇게 생각하고 있었어요."

"항상 '다음 단계'를 생각하는 것이 중요하단다. 사람들은 '다음 단계'가 보이지 않는다는 이유로 현재에 머무르지. 이건 매우 안타까운 일이야. 항상 '다음 단계'를 생각하지 않으면 미래도 그 모습을 감춰버린단다. 그러면 '우연을 가장한 기회'가 다가와도 그것을 알아채지 못하게 되지."

"그렇군요. 저는 일본으로 돌아가지 않고 조금 더 외국을 돌아다니고 싶어요. 하지만 어디로 가야 할지 도무지 방법이 안 보여요. 어떻게 결정하면 좋을까요?"

"너는 평소에 무언가를 정할 때 어떤 방식으로 결정을 내리니?"

"지금까지는 '우연과 직감'에 의지했어요. 그렇게 해서 여기까지 왔고요."

"그건 매우 훌륭한 방법이란다. 성공하는 사람은 모두 '직감'을 사용하지. 가게를 낼 때도, 거래처를 결정할 때도, 직원을 뽑을 때도 이런저런 데이터를 읽지만 최종적으로는 모두 '직감'으로 결정한단다. 너도 '직감'을 사용해 다음 단계를 결정해보렴. 우선 다음 단계를 쉽게 정할 수 있도록 내가 너에게 '두 가지 선택지'를 주마. 물론 선택은 네 자유야. 한쪽을 선택해도 좋고, 둘 다 선택하지 않아도 좋아. 어떠니?"

"네, 좋아요."

"그러면 두 나라 중에 어느 나라로 갈지 결정해라. 그 선택에 따라 배우는 내용이 완전히 달라지고, 앞으로의 네 인생도 크게 달라질 거다. 자, 너에게는 두 가지 선택지가 있다. 첫 번째는 자본주의의 중심인 미국 '뉴욕'. 두 번째는 세계에서 가장 행복한 나라인 '부탄'이다. 뉴욕에서 사업하는 내 친구를 만날지, 부탄에 있는 내 친구를 만날지 네 '직감'으로 그것을 선택하길 바란다."

"알겠습니다."

나는 크게 심호흡을 했다.

그리고 오타루에 있는 사루타 씨가 가르쳐준 것처럼 내 마음을 조용히 가라앉혔다.

나는 상상 속에서 가슴속 가장 깊은 곳에 있는 '마음의 방'으로 들어갔다.

그리고 '미국'과 '부탄'의 이미지를 떠올렸다.

우선 오른쪽에 '미국'의 이미지.

'USA'라는 알파벳이 뛰어다녔다. 잠시 후 글자의 순서가 뒤바뀌더니 'Are U Sure(Are You Sure)?'라는 말이 만들어졌다.

"정말이야?"라는 의미였다.

그리고 다음으로 '부탄'의 이미지.

원숭이와 인간과 코끼리가 하나가 되어 뛰어다녔다. 뭔가 즐거워 보였다.

평화로운 느낌에 마음이 가벼워지고 차분해졌다.

그리고 등줄기가 서늘해졌다. 그것은 결코 나쁜 느낌이 아니라 가슴 설레는 느낌이었다.

나는 심호흡을 몇 번 한 후 천천히 눈을 떴다.

내 대답이 결정됐다.

좋아, '부탄'으로 가자!

물론 지금은 알 수 없지만, '직감'이 부탄을 부른다는 것은 그곳에 '내 인생에 필요한 무언가'가 있다는 뜻이었다.

마음이 이상하게 차분해졌다. '결정'이란 이런 것일까.

나는 앞으로도 내 직감을 믿을 생각이다.

"결정했어요. 저는 부탄으로 가고 싶어요."

그렇게 솜 차이 씨에게 말하자 그는 만족스러운 얼굴로 이렇게 대답했다.

"역시 훌륭해! 나도 네가 부탄을 선택할 줄 알았어. 그럼 하루 빨리 부탄에 있는 내 친구 풀파에게 편지를 써야겠군. 풀파는 다이조의 젊은 시절을 잘 알고 있어. 그들은 서로 가장 친한 친구였지. 그에게 다이조의 젊은 시절에 대해 물어봐도 좋을 거야. 부탄으로 가는 비행기 표와 비자 수속은 내가 다 알아서 준비하마. 이것은 우리 가게에서 열심히 일해준 데 대한 내 선물이란다."

"고맙습니다. 이렇게 신세 져도 되는지 모르겠어요."

"일본 손자에게 주는 것이니 전혀 아까울 게 없지. 오히려 내가 무언가를 해줄 수 있다는 게 행복하구나."

그렇게 말하며 솜 차이 씨는 나를 꼭 껴안았다.

그의 품은 마치 진짜 할아버지에게 안긴 것처럼 매우 따뜻했다.

그날 밤은 게스트하우스로 돌아갔다.

부탄으로 가겠다는 소식을 다른 한 사람에게 전해주고 싶었기 때문이었다.

• • •

부탄으로 가기 전날 밤, 치앙마이의 친구들이 모여 '송별회'

를 열어주었다.

그들은 이미 나에게 매우 소중한 친구들이었다.

교토의 도쿠야마 씨가 말한 '일기일회'라는 것은 바로 이런 걸 뜻하는 것 같았다.

"우연과 직감을 따라 결단하고 행동해라. 그 행동으로 만나는 사람과의 인연을 소중히 해라."

할아버지는 이 말을 평생 실천했다. 해외를 오가는 게 쉽지 않았던 60년 전이라면 '행동력'이 더욱더 필요했을 것이다.

마이크와 안이 즐겁게 대화를 나누고 있었다. 마이크는 당분간 안과 같이 생활할 거라고 말했다. 그는 치앙마이에서 영어 교사 일을 찾았다고 했다.

나는 왠지 매우 기뻤다. 두 사람의 앞날을 축복해주고 싶었다.

'송별회'가 무르익어가고 있을 때 나는 노이와 이야기해야 할 것만 같은 생각에 초조해졌다. 송별회를 즐기면서도 시선은 줄곧 노이를 향해 있었다.

그러나 말을 걸 타이밍을 좀처럼 찾을 수 없었다.

하지만 말을 건다고 해도 무슨 말을 해야 좋을지 나는 알 수 없었다.

이윽고 틈을 보아 노이를 밖에 있는 테라스로 불러냈다.

그녀는 조금 슬픈 표정을 짓고 있었다.

그 표정을 보고 내 가슴도 아파왔다. 가능하다면 마이크와 안처럼 노이와 계속 함께 있고 싶었다. 그러나 내 앞에는 '부탄으로 떠나는 프로젝트'가 놓여 있었다.

'여행'을 잊고 마이크처럼 잠시 치앙마이에 머무를까도 생각해보았지만, 그렇게 할 수는 없었다.

나는 '진짜 인생을 찾는 여행'을 떠나온 것이니까.

무슨 말을 해야 할지 고민했지만, 정작 노이가 눈앞에 있는 지금 어떠한 말도 나오지 않았다.

마침내 내가 할 말을 찾았을 때, 노이가 먼저 말을 꺼냈다.

"내일 떠나네."

"응, 노이. 벌써 내일이면 떠나."

"이제 우리는 만날 수 없겠지……."

"아니, 마이크 결혼식 때 와야지."

"하지만 마이크와 안이 결혼을 안 할지도 모르잖아. 그러면 우리는 못 보는 거겠지."

"그렇게 슬픈 말 하지 마."

"정말 슬프니까 그렇지. 저기……, 케이, 날 어떻게 생각해?"

"……매우 소중하게 생각하고 있어."

나는 이 질문의 '대답'을 알지 못했다.

어떻게 대답하면 좋을지, 무엇이 정답일지 알지 못했기 때문이다.

나는 노이를 소중하게 생각하고 있지만 사랑하는 느낌은 아니었다. 그러나 확실히 좋아하기는 했다. 하지만 나는 노이를 책임질 수 없었다. 나에게는 에미가 있으니까.

아, 나는 어떻게 해야 하는 걸까.

이런 생각으로 괴로워하고 있는데, 노이가 내 손을 잡고 눈물을 글썽이며 말했다.

"나는 케이 너를 정말 많이 좋아해. 자상하고 정말 훌륭한 남자라고 생각해. 지금까지 너처럼 멋진 남자를 한 번도 만나본 적이 없어."

"나도 너를 그렇게 생각해. 예쁘고, 성격도 좋고, 사랑스럽고. 너에게 '사람을 소중히 대해야 한다'는 것을 배웠어."

"정말? 케이는 날 똑바로 쳐다보지 않아서 날 싫어하는 줄 알았어. 같이 있으면 어색해하는 것 같기도 했고."

"아니야. 절대 널 싫어하지 않아. 솔직히 말하면 그 반대야. 부끄러워서 널 똑바로 보지 못한 거야. 사실은 널 위해서라면 마이크처럼 태국에 살고 싶어."

내 입에서 감정적인 말이 튀어나와 나 스스로도 깜짝 놀랐다.

노이도 내 말에 놀란 표정이었다.

"정말? 말만이라도 기쁘다. 하지만 우리에게 미래는 없잖아. 여자에게는 '직감'이라는 게 있어. 우리는 함께할 수 없는 '운명'이야. 넌 또다시 여행을 떠나야 해. 그건 나도 잘 알아. 짧은 시간이었지만 너와 만나서 정말 즐거웠어. 고마워. 너는 잘 모르겠지만, 케이는 정말 멋진 사람이야."

나도 노이에게 멋진 말을 해주고 싶었지만, 결국 아무 말도 나오지 않았다.

노이의 눈에서 커다란 눈물이 떨어졌다.

"케이, 마지막으로 안아봐도 돼?"

그렇게 말하며 노이는 내 품으로 다가왔다. 내가 그녀를 껴안자 노이는 내 품에서 조용히 눈물을 흘렸다.

나는 아무것도 하지 못하고 그저 가만히 서서 그녀의 온기를 느낄 수밖에 없었다.

이대로 모든 것이 끝난다고 생각하니 쓸쓸했다.

밤하늘을 올려다보니 일본보다 몇 배나 많은 수많은 별들이 반짝반짝 빛나고 있었다.

❖ ❖ ❖

태국 방콕에서 부탄까지는 인도의 콜카타를 경유해 세 시간밖에 걸리지 않았다. 일본에서 보면 먼 느낌이었지만 방콕을 중심으로 보니 모든 도시가 매우 가깝게 느껴졌다. 아시아의 사업가들은 마치 일본인이 신칸센 열차를 타고 돌아다니는 것처럼 아무렇지도 않게 비행기를 타며 아시아 각국을 돌아다녔다.

인도를 경유해서인지 비행기 안에는 인도 사람들이 많이 있었다.

인도 사람은 아시아 전 지역에서 많이 눈에 띄었다. 방콕, 쿠알라룸푸르, 싱가포르도 마찬가지였다.

이런 것은 현지를 돌아봐야 알 수 있는 사실이다.

옆자리에 앉은 양복 차림의 인도 사람이 나에게 말을 걸어왔다. 그는 사업가 같았다.

그 사람은 전화 제품을 수출하러 매달 부탄에 간다고 했다.

그에게 부탄에 대해 물어보았다.

"부탄은 국민의 행복도가 가장 높은 나라라고 들었는데, 정말 그런가요?"

"나도 그렇다고는 들었는데, 곁에서 보는 한 그런 걸 느낄 수는 없지. 모두 평범하게 살아가고 있거든. 부탄은 유복한 나라는 아니지만 모두 사이좋게 지내고 있어. 인도도 옛날에는 그랬지만 말이야."

확실히 '행복'이라는 것은 겉모습만으로는 알 수 없는 것 같았다. 나는 빨리 부탄으로 가서 현지인과 대화를 나누고 싶었다.

비행기 안에 있는 시간은 고작 세 시간뿐이었다.

"지금이다!"라는 감각과 함께 할아버지의 편지를 펼쳤다. 이상하게도 지금까지 항상 '현실로 일어난 일'과 '편지의 주제'가 딱 맞아떨어졌다. 이런 것이 '싱크로니시티(우연의 일치)'일까.

오랜만에 '편지'를 읽을 생각을 하자 가슴이 두근거렸다.

Part 08

여덟 번째
편지:

인간관계 Relationships

'인간관계'는 모두 중요하다.

진짜 행복은 '인간관계'에서 얻을 수 있는 거란다.

아무리 돈이 많아도, 아무리 권력이 높아도 사람은 행복해질 수 없어. 인간관계가 좋지 못하면 불행해질 수밖에 없지.

따라서 일로 성공하거나 부자가 되는 것만으로는 우리는 절대 행복해질 수 없단다.

이를테면 대저택에 살아도 가족도 친구도 없이 혼자 지낸다면 외롭기만 하겠지.

돈이 많지 않아도 화목한 가족과 절친한 친구가 있으면 행복해질 수 있단다. 돈 많은 부자보다 훨씬 행복할 수 있지.

풍요롭고 행복한 삶을 살기 위해서는 '좋은 인간관계'가 반드시 필요하단다.

좋은 인간관계에서는 좋은 에너지를 얻을 수 있고, 삶의 의욕도 얻을 수 있어.

반대로 인간관계가 좋지 못하면 논바닥이 갈라지는 것처럼 모든 일이 무미건조해지지.

내가 부자가 된 후에 깨달은 사실이 하나 있다.

결국 '사람은 돈과 사회적 지위만으로 행복해질 수 없다'는 사실이야.

왜냐하면 돈과 일로 얻는 기쁨은 '일시적인 흥분'밖에 되지 않기 때문이지. 즉 그 기쁨은 영원히 지속되는 게 아니야.

누군가와 깊은 관계를 맺을 때 비로소 사람은 행복해진단다.

미국 하버드 대학에서 역사상 최장 기간인 75년에 걸쳐 연구한 실험이 있어. 724명의 남성을 대상으로 한 연구로, '인생을 가장 행복하게 만드는 것은 무엇일까?'가 주제였지. 그 결과는 '좋은 인간관계를 맺는 것'이었단다.[12]

그만큼 인간관계가 행복의 열쇠라는 뜻이야.

미국의 16대 대통령 링컨을 잘 알고 있을 거다.

그는 미국 국민에게 가장 사랑받는 대통령이지.

링컨은 '인간관계'에서도 뛰어난 인물이었어. 그는 믿었던 장군이 실수를 하자 '자신의 부주의'라며 그 일을 덮어주었고, 마찬가지로 실수를 한 다른 장군에게 '질책의 편지'를 썼다가 결국 보내지 못하고 자신의 책상 서랍 속에 간직해뒀지. 이 일화는 '링컨의 보내지 못한 편지'로 유명하단다.

또한 링컨은 "내 생각이 50퍼센트 옳다면 아무리 중대한 일이라도 상대방에게 크게 양보하고, 내 생각이 100퍼센트 옳아도 상대방에게 조금은 양보하라" "만약 상대방을 내 편으로 만들고 싶다면 당신이 먼저 그의 친구가 되라"라는 명언을 남겼어.[13]

그는 '인간관계가 좋아야 모든 일이 잘된다'는 사실을 잘 알고 있었지.

그럼 '직장 내 인간관계'에 대해 얘기해보자.

'직장 내 인간관계'는 어떤 의미에서 보면 매우 간단하다고 말할 수 있어.

상대방에게 기쁨을 주기만 하면 되기 때문이야.

상대방에게 돈 벌 기회를 만들어주거나, 유리한 조건을 들어주는 것만으로도 기쁨을 줄 수 있지.

'상대방을 기쁘게 해주는 것이 직장 내 인간관계의 열쇠'라는 사실을 꼭 기억해두길 바란다.

상대방이 위험에 처했을 때 손을 뻗어 이익을 주는 것, 이것만으로도 직장 내 인간관계는 좋아질 거다.

그러면 '개인적인 인간관계'에 대해서도 얘기해보도록 하자.

나는 고아로 자랐기 때문에 어렸을 때는 사람을 정말 무서워했단다.

하지만 좋은 사람들을 만난 덕분에 조금씩 사람이 좋아지기 시작했고, 누군가와 함께 있어도 안심할 수 있게 됐지. 친구라고 부를 만한 사람도 생겼고, 노력한 결과 인간관계도 점점 넓어졌단다.

나는 아내와는 깊은 신뢰관계를 맺었다고 생각한다. 그러나 고아였던 탓인지 부자관계는 잘 알지 못했지. 그래서 나는 아들과 친밀한 관계를 맺는 데 조금 서툴렀어.

'직장 내 인간관계'와 비교하면 '가족관계'는 많이 어려웠지.

한 지붕 아래서 같이 생활하다 보니 나도 모르게 '부정적인 감정'이 나와버리고는 했어. 때로는 '부정적인 감정'이 폭발해 크게 화내고는 뒤늦게 후회하기도 했었단다.

특히 젊었을 때는 일이 잘 풀리지 않으면 아들인 도루에게 짜증을 내며 모질게 대했지. 그 탓에 네 아버지와는 사춘기 이후부터 대화가 거의 끊겼단다.

나는 '부정적인 감정'에 서툰 사람이었어. 가족 중 누가 나에게 화를 내거나 불만을 말하면 입을 다물어버렸단다.

나는 무슨 말을 해야 될지 몰라 입을 다문 거였는데, 상대방은 그것을 무시라고 생각했던 것 같구나.

그래서 아들인 도루에게 다가가지 못했고, 그 결과 손자인 너희들을 만나러 가는 길도 망설였었지.

지금 생각하면 나에게 아직 시간이 많다고 착각했던 것 같다.

머지않아 오해를 풀 수 있을 거라고 생각했지만, 시간은 이미 끝나버렸지.

이것은 내가 인생에서 가장 크게 후회하는 것 중의 하나란다.

나도 나 자신과 더 많이 마주했어야 했는데, 나에게도 과거를 치유할 시간이 필요했는데, 절망감과 마주하는 것이 두려워 나 자신을 속여버렸지.

나도 하지 못한 일을 너에게 말하는 게 가슴 아프지만, 너는 꼭 너와 마주하는 시간을 갖길 바란다. 그렇게 하지 않으면 '인생에서 정말 중요한 것'을 놓쳐버릴지도 몰라.

'가족관계'에 대해서는 꼭 좋은 선생을 찾길 바란다.

너는 누구에게나 사랑받는 성격이니까 분명 잘할 수 있을 거야.

'사람에게 사랑받는 사람이 되고 싶다.'

이것은 내 평생의 바람이었다.

멋진 인간관계를 쌓길 진심으로 바란다.

다 읽은 편지를 봉투에 넣자 가슴이 저려왔다.

맞아, 인간은 누구나 완벽하지 못해.

할아버지에게 그런 콤플렉스가 있었다니……. 나는 전혀 알지 못했다.

항상 당당한 모습이어서 그런 느낌은 조금도 받아본 적이 없었다. 물론 내가 어렸던 탓도 있겠지만, 할아버지는 늘 가족들과 좋은 관계를 맺고 있는 줄로만 알았다.

지금 생각하면 내가 할 수 있는 일도 있었다.

손자로서 할아버지에게 '존경한다'고 말해줄 수도 있었는데……. 손자에게 그런 말을 들으면 할아버지도 분명 좋아하셨을 텐데…….

그런 생각을 하자 가슴이 먹먹해졌다.

창밖을 바라보니 눈으로 뒤덮인 새하얀 '히말라야 산맥'이 보였다. 이제 티베트는 코앞에 있었다.

처음 보는 '히말라야 산맥'의 장엄한 모습을 보고 의식이 현실로 돌아왔다.

자, 빨리 부탄으로 가자.

◆ ◆ ◆

부탄의 하늘 문인 '파로 공항'은 산골짜기에 있었다. 파일럿은 그 골짜기를 향해 상당한 긴장감을 안고 착륙을 시도해야만 했다. 매우 위험하기 때문에 야간 '이착륙'은 금지되어 있다고 했다.

내가 탄 비행기는 산속으로 빨려가듯이 공항에 착륙했다. 마치 골짜기에 부딪힐 것만 같은 아찔한 순간이었다.

비행기에서 내려보니 지금까지 내가 알고 있던 공항 중에 가장 작은 공항이 나타났다. 공항이라기보다는 '공터에 세워진 작은 집' 같았다.

트랩을 타고 건물에 도착하자 이번에는 뭔가 따뜻한 느낌의 세관이 나왔다.

세관 직원들은 모두 기분 좋게 여행객들을 맞이해줬다. 다른 나라처럼 총을 든 경찰관도 없었고, 사무적으로 딱딱하게 일하는 사람도 없었다.

민족의상을 입은 정부 직원은 내 여권을 확인한 후 "부탄에 잘 왔습니다!"라며 살짝 미소 지었다.

조금은 수줍은 미소였지만 절대 가식적인 웃음은 아니었다. 그 진심 섞인 말과 미소에 나는 가슴이 두근거렸다.

나는 세관이나 공항 직원들에게 이렇게 진심으로 환영받은 것은 그때가 처음이었다.

세관을 빠져나가니, 가이드와 운전기사가 나를 기다리고 있었다.

부탄의 비자를 받으려면 반드시 나라가 허락한 여행사를 통해 수속을 받아야 한다고 했다. 즉 부탄은 개인이 마음대로 올 수 없는 나라였다. 솜 차이 씨가 사전에 모든 수속을 마치고, 풀파 씨에게 연락해준 덕분에 나는 순조롭게 부탄에 올 수 있었다.

나는 곧장 풀파 씨에게 가지 않고 우선은 가이드와 함께 관광지를 돌아다녔다. 그러나 관광지라고 해봐야 오래된 절이 고작이었다. 역사의 흔적이 남아 있는 그런 곳뿐이었다.

가이드는 관광지에 들를 때마다 '왕의 이야기'를 꺼냈다. 부드러운 말투로 왕에 대해 얘기하는 것이 매우 인상적이었다. 민족의상을 입고 왕 이야기를 하고 있어서 그랬는지, 어딘지 왕가의 후손 같은 인상이었다.

관광지를 돌고 난 후 나는 풀파 씨가 있는 곳으로 향했다. 그곳은 '농업 연구소'였다.

풀파 씨는 이전에 이 연구소에서 소장으로 일했다고 했다. 은퇴 후에도 그는 고문이 되어 여전히 이곳을 지키고 있었다.

연구소 건물 안에서 민족의상을 입은 한 남성이 활짝 웃는 얼굴로 나왔다. 그 사람이 바로 풀파 씨였다.

풀파 씨는 도저히 팔십대처럼 보이지 않았다. 젊음과 에너지로 가득 찬 사람이었다.

"처음 뵙겠습니다. 저는 일본에서 온 다이조의 손자 케이입니다. 풀파 씨를 만나고 싶어서, 그리고 행복의 나라 부탄을 보고 싶어서 여기까지 왔습니다."

나는 이렇게 내 소개를 했다.

"네가 케이로구나. 솜 차이가 말한 것처럼 젊었을 적 다이조와 정말 많이 닮았구나."

풀파 씨는 활짝 웃으며 나에게 악수를 청했다.

"'행복의 나라 부탄'에 잘 왔다. 부탄을 방문한 사람들이 그렇게 말하더구나. '부탄은 행복의 나라'라고. 여기에 있는 동안 너도 행복의 의미를 재발견할 수 있을 거다."

왠지 의미심장한 말이었다.

인도식 영어로 말하는 풀파 씨는 태국에 있는 솜 차이 씨와 마찬가지로 인도에서 교육을 받은 것 같았다.

풀파 씨는 인도의 콜카타로 유학 왔을 때 우리 할아버지를 알게 됐다고 솜 차이 씨가 알려줬었다.

풀파 씨의 배려 덕분에 나는 연구소 교환학생 신분으로 부탄에 머물 수 있게 됐다. 그렇게 나는 '농업 연구팀' 특별 연수원이 되었다.

보통 외국인 관광객은 그렇게 할 수 없지만, 부탄의 정상급 인물에 가까운 그가 어떤 '특수한 조치'를 취한 듯했다.

그 연구소에는 나와 나이가 비슷한 신입 연구원이 있었다.

이름은 잔펠과 라모.

잔펄과 라모는 부탄의 대학생이었다. 두 사람 모두 엘리트 같았다.

그들은 해외 유학이 꿈이라고 했다.

잔펄은 얼굴이 잘생긴 청년이었고, 라모는 부탄의 전통의상이 잘 어울리는 여성이었다. 그녀는 화장을 거의 하지 않았기 때문에 상당히 어려 보였다. 두 사람 모두 동안이어서 마치 연구소에 견학 온 중학생처럼 보였다.

우리는 점심시간이나 휴식시간에 이런저런 이야기를 많이 나눴다.

나는 치앙마이에 있었을 때처럼 그들과 많은 대화를 했다. 그들과 대화를 나누고 있으면 매우 즐거웠지만, 한편으로는 노이가 생각나 가슴이 아프기도 했다. 뭐라고 말할 수 없는 슬픔을 느끼면서도 나는 새로운 환경을 즐기고 있었다.

소소한 그들의 이야기는 매우 흥미로웠다.

라모는 여성으로서 결혼이 늦어질까 봐 걱정되지만, 세계를 돌아다녀 보고 싶다고 말했다. 부탄의 여성들은 보통 이십대 초반에 결혼해 출산하는 경우가 많다고 했다. 그래서 라모는 유학을 떠나고 싶지만 이십대라는 나이 때문에 조금 망설이는 것 같았다.

　　　　◆　◆　◆

　부탄에 일주일 정도 머무르면서 느낀 점이 있었다.

　'부탄은 세계에서 가장 행복한 나라'라고 알려져 있지만, 내가 보는 한 딱히 그런 느낌은 없었다.

　모두가 행복에 찬 발걸음으로 길을 걷지도 않았고, 모르는 사람과 웃는 얼굴로 인사를 나누지도 않았다. 길을 걷다 외국인인 나를 보면 아이들은 부끄러운 듯이 어른 뒤로 숨어버렸다.

　즉 '행복해 미치겠다!'는 환호에 찬 기쁨은 그 어디에도 없었다.

　그래서 나는 '행복'에 대해 잔펄에게 물어보았다.

　"물론 나는 행복하다고 생각하고 있어. 미래가 전혀 불안하지 않거든. 왜냐하면 왕, 친척, 가족, 친구들이 나를 도와주고 있기 때문이야. 나는 집도 있고, 일도 하고 있고, 가족도 있으니까 다 있는 거나 마찬가지지. 다른 게 또 뭐가 필요하겠어?"

　확실히 잔펄이 말한 대로였다. 내가 보는 한 부탄 사람들은 '선택지가 좁은 삶'을 살고 있었다.

　음식도 어느 음식점이나 다 비슷한 요리가 나왔다. 부탄에는 애초에 외식문화가 없는 것 같았다. 아침은 크루아상, 점심은 초밥, 저녁은 프랑스요리…… 이러한 개념이 없었다.

　하지만 '그런 게 없어도 전혀 불행하지 않다'는 잔펄의 말은 거짓말 같지 않았다. 부탄에 있어보니 그것을 실감할 수 있었다.

결국 행복의 정의가 다른 듯했다.

◆ ◆ ◆

나는 부탄에 머무는 동안 저녁식사 후 풀파 씨와 대화를 나눴다. 그 시간은 나에게 있어서 휴식 같은 시간이었다. 부탄의 밤은 놀라울 정도로 조용했다. 정말 그 어떤 소리도 들리지 않았다.

풀파 씨는 내가 무슨 말을 하든지 항상 빙긋 웃으며 자상한 말투로 대답해줬다. '행복'에 대해서 내가 물었을 때도 마찬가지였다.

"풀파 씨, 나는 인생의 행복에 대해 진지하게 생각했어요. 풀파 씨가 생각하는 '행복'이란 무엇인가요?"

"케이, 부탄에서 말하는 행복과 선진국에서 말하는 행복은 조금 달라. 즉 '행복의 정의'가 다른 거지. 선진국 사람들은 '많이 가져야 행복하다'고 믿고 있어. 좋은 직업, 큰 집, 많은 돈, 고급 자동차, 명품 옷. 또는 개인적으로는 뚜렷한 이목구비, 투명한 피부, 스타일 좋은 친구, 질 높은 자녀교육. 이처럼 다른 사람보다 더 많이 갖고 싶어 하고, 더 호화스러운 생활을 하고 싶어 하지. 그들은 많이 가지면 '행복'하고 반대로 적게 가지면 '불행'하다고 믿는 거야. 그러나 원하는 것을 전부 다 손에 넣는 사람이 이 세상에 얼마나 될까? 아마 거의 없을 거야. 그런데도 선진국 사람들은 '나는 불행하지 않지만, 가진 것이 없기 때문에 행복하지도 않다'고 생각해버리지. 안타깝게도 말이야. 이를테면 멀리 여행 갈 시간과 돈이 없어서 여행은 당일치기 여행밖에 못 간다, 새 차를 사고 싶지만 돈이 없어서 중고차밖에 사지 못한다, 이렇게 자신이 생각하는 이상과 현실이 조금만 다르면 그들은 불만을 품고 불행하다고 결론을 내버려. 그래서 선진국 사람들은 불행해지는 건 쉽지만, 행복해지는 건 매우 어렵다고 생각하지."

"그러면 부탄 사람들은 왜 행복한 거예요?"

"좋은 질문이야. 나도 외국에서 유학 생활을 한 60년 전부터 줄곧 그것에 대해 생각했었어. 부탄은 국민의 행복을 진심으로 바라는 '왕' 덕분에 학교교육과 의료가 전부 무상으로 제공되고 있어. 부탄에서는 병원에 며칠씩 입원해도 병원비는 무료야. 집터가 무료인 경우도 있지. 나무로 집을 지을 때는 마을 사람들이 몇 달 동안 도와주기도 해. 또한 부탄은 불교 국가인 덕분에 '살생'이 금지되어 있어. 그래서 길을 걸어 다니는 소나 개, 하다못해 물고기까지도 잡아먹힐 걱정 없이 안심하고 지내지. 즉 부탄은 미래에 대한 '불안'이 없는 나라야."

"걱정과 불안이 없다……. 그건 행복에 꼭 필요한 거 아닌가요?"

"그렇지. 그것은 행복의 중요한 요소라고 말할 수 있어. 부탄 사람들은 일반적으로 현재에 불안과 불만을 느끼지 않아. 비록 어제와 비슷한 오늘을 살아가지만 그들은 평화롭고 담담하게 그 생활을 받아들이고 있지. 부탄은 외부에서 들어오는 정보나 물건이 한정되어 있기 때문에 과도한 물욕도 자극도 없는 거야. 그래서 더 많이 가지려고 노력하는 것이 아니라, 현재 있는 것에 만족해하고 행복을 느끼는 거지."

"그렇군요."

"행복이라는 것은 '현재에 얼마나 만족하는가'에 달려 있어. 외부의 정보와 물건이 한정되어 있기 때문에 부탄 사람들의 생활은 현재에 만족하기 쉽게 되어 있지. 즉 부탄에서 생활하면 행복으로 가는 길이 매우 '단순'해질 거야."

나는 생각에 잠겼다. 만약 이 이야기를 선진국 사람들이 듣는 다면 뭐라고 생각할까. 학교교육, 의료, 사는 곳이 무료인 대신에 정보, 야망, 과도한 물욕, 자극이 없다.

선진국 사람들은 평화롭지만 어제와 비슷한 오늘을 두고 과연 '행복'하다고 말할 수 있을까?

아마 '행복하다'고 대답하는 사람은 극히 일부에 불과할 것이다. 그 정도로 선진국은 '과도한 자극'만이 행복이라며 사회 전체를 부추기고 있다.

생활에 필요 없는 옷, 화장품, 자극적인 체험, 화려한 라이프 스타일.

'만족'을 모르고 계속해서 더 많은 것을 요구하고 있다. 그래서 '행복도'가 낮아졌는지도 모른다.

그렇게 생각을 하고 있는 나에게 풀파 씨는 말을 이었다.

"즉 부탄이 세계에서 가장 행복한 나라라는 것은 '행복에는 돈과 물건이 필요 없다는 증거'이기도 하지. **행복은 획득하거나 차지하는 것이 아니라 느끼는 거야.**"

그렇게 말하며 풀파 씨는 부드럽게 미소 지었다.

◆ ◆ ◆

그 후 며칠 동안 나는 부탄의 논과 밭을 견학하거나 부탄 사람들의 생활 모습을 보러 다녔다. 가끔 파로 거리에 나갈 때면 몇 개 안 되는 카페에 들어가 풀파 씨와 이런저런 이야기를 나눴다.

부탄이라는 나라는 중심지조차 '시간이 멈춘' 듯한 느낌이었다. 카페 안에 있어도 대화가 조금만 끊기면 시간이 멈춘 것처럼 주위가 조용해졌다. 부탄은 '시끄럽다'라는 단어가 필요 없는 나라였다.

며칠 후, 나는 풀파 씨와 산책할 기회가 생겨 이전부터 그에게 물어보고 싶었던 말을 꺼냈다.

"풀파 씨, 물어보고 싶은 게 있어요. 나는 앞으로 '좋은 인간관계'를 많이 쌓고 싶어요. 부탄 사람들은 모두 좋은 인간관계를 맺고 있는 것처럼 보이는데, 그 비결이 뭔가요? 여기 와서는 인간관계 때문에 괴로워하는 사람을 한 명도 보지 못했어요. 인간관계에 좋은 비결이 있을까요?”

“케이, 인간관계에서 가장 중요한 것을 알려줄게.”

풀파 씨는 부드럽게 미소 지으면서도 강한 어조로 말했다.

“인간관계에서 가장 중요한 것은 ‘내면이 충실한 사람’이 되는 거야.”

“네? 그게 어떤 의미인가요?”

“누구에게 사람이 모이고, 누구에게서 사람이 멀어지는지 잘 관찰해보렴.”

“아……, 네.”

“케이, 자네는 어떤 사람과 함께 있고 싶은가? 그것을 잘 생각해봐. 나는 ‘주는 사람’과 함께 있고 싶어.”

풀파 씨는 생긋 웃고 난 후 천천히 다시 말을 잇기 시작했다.

“쉽게 말하면 사람에는 두 종류가 있어. ‘주는 사람’과 ‘빼앗는 사람’이지. ‘주는 것을 좋아하는 사람’에게는 사람이 모이고, ‘빼앗는 것을 좋아하는 사람’에게는 모두가 거리를 둬.”

“듣고 보니 확실히 그런 거 같아요. 저도 ‘주는 사람’과 함께 있고 싶어요.”

“‘내면이 충실한 사람’은 사랑과 우정에 대해 친절하게 말해줘. 그래서 함께 있으면 자연히 마음이 편안해지지. ‘주는 사람’과 부자는 그다지 관계없단다. 즉 가진 게 없어도 사람에게 무언가를 줄 수는 있지. 이를테면 밝고 건강한 힘을 줄 수도 있고, 안

정감과 애정을 줄 수도 있어. 또는 지식이나 지혜를 줄 수도 있고, 경우에 따라서는 돈과 선물을 줄 수도 있을 거야. 여하튼 '무언가를 나눠 가지려는 사람'에게는 자연히 사람이 모이게 되어 있다네."

"그렇군요."

"그럼 반대로, 케이도 '무언가를 빼앗으려는 사람'에게는 다가가고 싶지 않겠지?"

"네, 당연하지요. 말씀하신 대로 '주는 사람, 나를 생각해주는 사람'에게 다가가고 싶죠."

"내면이 충실하지 않은 사람은 '존경'을 갈구해. 즉 누군가에게 항상 인정받고 싶어 하지."

"그런 사람과 함께 있으면 너무 귀찮을 거 같아요. '어때? 나 대단하지?'라고 말하는 사람은 가능한 한 피하고 싶어요."

"그런 생각에 피하면 그들은 굶주린 새끼 사자처럼 더욱더 '존경'을 갈구하게 돼. 그래서 더 많이 받기 위해 더 많이 빼앗는 거야."

"저는 그런 내면이 아픈 사람은 되고 싶지 않아요."

"좋은 인간관계를 만드는 방법은 의외로 간단하단다. 내면을 충실하게 가꾼 후에 주는 사람이 되는 거지. 돈이 있으면 선물을 해주면 되고, 돈이 없으면 건강과 애정, 관심과 기회를 주면 돼."

"그렇군요."

"케이, 좋은 인간관계를 맺기 위해서 우리가 할 수 있는 일은 한 가지뿐이야. 그것이 무엇인지 아니?"

"아니요, 모르겠어요. 가르쳐주세요."

풀파 씨는 생긋 웃으면서 말했다.

"그것은 '내가 먼저 주는' 거야. 내가 먼저 누군가에게 무언가를 해주면 내면은 충실해지게 되어 있어. 내가 행복해지는 것이 좋은 인간관계의 첫걸음이야. '내면이 충실한 사람'이 되면 케이의 '인간관계'는 반드시 훌륭해질 거야."

"네, 알겠습니다. 하지만 내 안에 굶주린 무언가가 있을 때는 줄 수 없을지도 모르잖아요."

"그렇지. 그게 바로 인생의 갈림길이야. 배가 고플 때도 허기를 참아가면서 다른 사람에게 음식을 나눠 주는 사람이 있어. 반대로 주변을 밀어제치면서 다른 사람의 음식을 빼앗는 사람도 있지. 이 세상에는 재미있는 법칙이 있단다. **받으려고 하는 자는 받지 못하고, 주려고 하는 자는 받게 되는 법칙. 그것도 몇 배나 많이 말이야.**"

"그렇군요. 하지만 너무 어려운 것 같아요. 받고 싶을수록 더 많이 뺏어야 하는 거 아닌가요?"

"물론 의무는 아니야. '선택의 문제'지. 하지만 주려는 사람은 받고, 빼앗으려 하는 사람은 못 받는다는 건 흥미롭지 않니?"

"네, 나도 주는 사람이 될 수 있을지 없을지는 모르겠지만, 머리로는 이해했어요."

풀파 씨는 나를 쳐다보며 부드럽게 미소 지었다.

• • •

시골에 있는 시험 농장에서 연구소로 돌아가는 길이었다. 강 주변에 흰색의 낡은 깃발이 바람에 펄럭이는 것이 내 눈에 들어왔다.

나는 잔펄에게 부탁해 자동차를 세웠다.

낡은 깃발이 바람에 흔들려 펄럭이는 소리를 냈다. 그 모습은 매우 환상적이었다. 깃발에는 부탄의 글씨가 적혀 있었다.

잔펄에게 물어보니 여기는 부탄 사람들의 묘지라고 했다.

일반적으로 부탄 사람들은 무덤을 가지고 있지 않았다. 화장을 한 후 그 '재'를 추억이 깃든 물건과 함께 강에 흘려보낸다고 했다.

강가의 모래밭에는 묘비처럼 많은 깃발이 펄럭이고 있었다.

나는 망자를 생각하며 눈을 감았다. 잠시 그곳에 서서 부탄의 영혼을 느꼈다.

그러자 자연의 힘이 더해져 돌아가신 어머니가 떠올랐다. 깃발이 바람에 나부끼는 소리를 듣고 있자 눈물이 흘러내렸다.

나는 참지 못하고 웅크리고 앉아 울기 시작했다.

잔펄과 라모는 내 옆으로 와 어깨를 두들겨줬다.

풀파 씨의 집에 돌아오니 차가 준비되어 있었다.

방금 전 느꼈던 그 감정은 무엇일까?

스스로도 이해가 되지 않았다.

나는 안정을 되찾은 후 풀파 씨에게 '감정'에 대해 물어봤다.

"풀파 씨, 조금 전 나에게 일어난 일은 무엇일까요?"

"지금까지 너를 억압했던 슬픔에서 드디어 해방된 것 같구나. 자연의 힘이 더해진 거란다. 몸에서 힘이 빠져나가는 느낌이었지?"

"네, 그런 느낌이었어요. 풀파 씨, 나는 내 '감정'을 잘 표현하지 못하는 사람이에요. 그래서 가족과 여자친구에게도 속마음을 잘 표현하지 못했어요. 애정을 표현하는 것도 서투른데, 어떻게 하면 '감정'을 잘 표현할 수 있게 될까요?"

"사람은 감정에 따라 움직이게 되어 있어. 언뜻 보기에는 논리적으로 생각하고 행동한 것처럼 보여도 사실은 감정적으로 행동한 후에 적당한 논리를 갖다 붙이는 거야. 우선 이 사실을 아는 게 중요해."

"그렇군요."

"사람은 기쁨, 슬픔, 분노라는 감정을 느끼면서 하루하루를 살아갈 수밖에 없어. 하지만 우리는 어렸을 때부터 '감정을 표현하면 안 된다'고 교육받으면서 자라지. 울면 안 된다, 큰 소리를 내면 안 된다, 화내면 안 된다고 말이야. 그 결과 감정을 표현하지 않는 어른이 대량 생산된 거야."

"저도 그런 것 같아요. 감정을 느끼지만, 그것을 밖으로 표현할 수가 없어요."

"맞아, 감정을 표현하지 않는 것은 큰 문제야. 왜냐하면 **사람과 사람을 이어주는 것은 '감정'이기 때문이지.** 함께 웃고, 함께 슬퍼하고, 함께 화내면서 인간관계가 깊어지거든. 케이도 지금까지의 인생을 되돌아보면 알 수 있을 거야."

"확실히 그렇게 해야 인간관계가 깊어지긴 하죠."

"부부관계, 부자관계, 친구관계 등 가까우면 가까울수록 부정적인 감정과 충돌하는 일은 많아질 거야. 가족이나 친구와 한 번도 싸우지 않는 것은 거의 불가능한 일이지. 그러니까 인간관계에 있어서 부정적인 감정이 나왔다는 것은 그만큼 관계가 깊어졌다는 증거야. 알겠니?"

"그렇군요."

"'감정' 자체는 사람을 치유하기도 하고 괴롭히기도 해. 긍정적으로든 부정적으로든 작용하는 거지. 따라서 행복을 찾고 싶다면 감정과 잘 마주하는 게 좋아."

"나는 긍정적인 감정은 괜찮지만, 부정적인 감정이 나왔을 때는 입을 다물어버리는 버릇이 있어요."

"하하하, 그건 모두가 마찬가지야. 하지만 서로 부정적인 감정을 숨기면 인간관계는 깊어지지 않지. 항상 좋은 얼굴로 마주하는 것보다는 가끔은 불만을 말하거나 싸움을 하는 편이 건강한 관계라고 할 수 있어. 사람은 표면적인 것뿐만 아니라 상대방의 '진심'을 알고 싶어 해. 특히 여자들은 더욱더 그렇지."

풀파 씨의 마지막 말이 내 가슴을 울렸다.

풀파 씨가 한 말은 내가 고베에 갔을 때 아버지에게 한 말과 같았다. 나는 그때 아버지에게 "아버지의 진심을 알고 싶어요!"라고 말했다. 그리고 에미가 똑같은 말을 나에게 반복했었다. "케이, 너의 진심을 알고 싶어"라고.

흩어져 있던 퍼즐 조각이 맞춰진 것처럼 모든 것이 연결되는 느낌이 들었다. 나는 '감정의 충돌'을 두려워한 나머지 내 진심을 외면했고, 상대방을 이해하려고도 하지 않았다.

"풀파 씨, 하지만 부정적인 감정이 사라지지 않을 때는 어떻게 해야 하나요? 상대방의 분노가 수그러들지 않고 계속해서 커진다면요?"

"하하하, 상대방의 분노가 커지는 이유는 '분노의 원인은 상대방에게 있다'고 생각하기 때문이야. 그 생각이 상대방에게 전해져서 분노를 더욱더 크게 만들어버리는 거지. '서로에 대한 부정적인 감정'과 제대로 마주한 후에 그 근본적인 원인을 이해하고 용서하면 분노는 사라질 거야."

풀파 씨는 계속해서 말했다.

"처음에는 누구나 부정적인 감정과 마주하는 것을 어려워해.

하지만 조금 용기를 내서 진심을 털어놓는 것부터 시작하면 좋을 거야. 어때? 그렇게 할 수 있겠니?"

"솔직히 아직은 잘 모르겠지만, 그래도 도전해볼게요."

대답은 그렇게 했지만, 과연 내가 잘할 수 있을지 의심스러웠다. 이것은 시간이 걸리는 숙제였다.

내 안에는 슬픔과 분노의 '감정'이 많이 있고, 그것들을 애써 외면했기 때문에 나는 지금까지 감정을 제대로 표현하지 못했던 것이다. 나는 오늘 풀파 씨에게 그것을 배웠다.

그래서 에미가 "네 진심을 알고 싶어"라고 말했을 때 나는 불안함을 느꼈던 것이다. 나 스스로도 진심을 말해야 한다고 어렴풋이 깨닫고 있었기 때문에.

하지만 부정적인 감정과 제대로 마주하지 않으면 나는 '감정의 충돌'을 두려워한 나머지 사람과 관계를 맺지 못하는 인간'이 돼버릴 게 분명했다.

역시 '부모와 자식'은 닮는 건가. 가장 닮고 싶지 않은 '아버지'와 결국 이렇게 닮게 되다니.

◆ ◆ ◆

그러고 나서 며칠 후 연구소 휴식시간에 다 같이 차를 마시고 있을 때였다. 그때 자연히 풀파 씨를 둘러싼 질문회가 열렸다.

나는 이전부터 궁금했던 것을 물어봤다.

"풀파 씨, 부탄은 외부에서 들어오는 정보나 물건이 한정되어 있어서 물욕을 자극하는 것이 없다고 하셨잖아요. 그래서 조금 더 풍족해지고 싶다는 동기도 없다고요. 그럼 부탄 사람들은 '성장과 행복을 바꾼' 거 아닌가요? 제가 생각하기에 그들은 '성장을 멈춘 대신에 행복을 얻은 것' 같아요. 하지만 사람에게는 배움과 성장이 늘 필요하잖아요. 성장해야 비로소 풍족해지고 행복해지는 거 아닌가요?"

"케이, 매우 훌륭한 질문이야. 여기 있는 사람들도 언젠가 외국에 나가 공부할 가능성이 있으니 이 주제에 대해 다 같이 생각해보도록 하지. 이번 기회에 다 함께 얘기해보면 어떨까? 케이는 왜 성장이 중요하다고 생각하지?"

"우리는 어렸을 때부터 '많이 배우고 많이 성장해야 한다'는 가르침을 받았잖아요. 부모님에게도, 선생님에게도요."

"그렇긴 하지. 하지만 지금의 선진국처럼 성장을 부추긴 결과 인생은 너무나 복잡해졌어. 또한 성장을 부추긴 결과 성공했다고 불리는 소수의 사람과 실패했다고 불리는 대다수의 사람이 생겨나게 됐지. 그리고 이제 경제 성장은 한계에 다다랐어. 즉 성공할 가능성은 이제 거의 줄어들었다고 봐야겠지. 그래서 사람들은 자신의 처지를 비관하며 불행에 빠지게 된 거야. 그러니까 단순히 '성장이 좋다'고만은 말할 수 없는 거지."

"듣고 보니 그렇군요. 그러면 도대체 무엇이 옳은 걸까요?"

"옳고 그름은 없어. 사람에게는 옳고 그름을 따지는 버릇이 있지만, 그건 나쁜 버릇이야. 케이, 세상에는 둘 다 옳고, 둘 다 좋은 것이 있어. 그것을 꼭 기억해두렴."

"둘 다 옳다고요?"

"결론부터 말하면 성장하는 것도 좋고, 지금 상태에 머무르는 것도 좋아. 둘 다 옳은 것이라고 말할 수 있지."

"그게 무슨 의미인가요?"

"이를테면 일본에는 '에도시대'라는 것이 있어. 에도시대는 어떤 의미에서 성장을 멈춘 시대라고도 할 수 있지. 하지만 성장을 멈추자 이상하게도 나라 전체가 행복해졌어. 또한 이때는 다른 나라와 관계를 맺지 않는 쇄국 정책을 펼쳤지. 그 정책으로 인해 그때까지 수백 년 동안 이어져온 전국시대에서 벗어날 수 있었고, 문화가 발달하게 됐지. 우키요에(일본 에도시대에 성행한 풍속화—옮긴이)나 가부키(음악과 무용, 기예가 어우러진 일본의 전통 연극—옮긴이) 같은 문화는 세계와 단절된 에도시대의 평화 속에서 숙성된 예술 작품이라고 말할 수 있어. 이렇게 안정된 평화가 지속돼야 문화는 꽃을 피우는 법이야."

"그렇군요. 일본인인 저도 몰랐던 사실이에요. 왠지 부끄러워지네요."

"하하하, 그건 당연하잖아. 그때는 네가 태어나기 전이니까 모르는 게 당연하지. 물론 나도 태어나지 않았지만."

익살맞게 말하는 그의 농담에 모두들 웃음을 터트렸다. 이럴 때 풀파 씨는 매우 즐거워 보였다. 풀파 씨는 웃음 띤 얼굴로 계속해서 말했다.

"성장과 마찬가지로 인간관계에도 '옳고 그름'은 없어. 두 사람 사이에 인간관계가 발생하면 반드시 한 사람은 앞으로 나아가려고 하고, 다른 한 사람은 현재 상태를 유지하려고 하지. 사람이 모이면 집단이 만들어지고, 그 집단 안에서도 인간관계의 균형을 맞추려는 작용이 발생해. 그 작용 때문에 하나의 집단 안에서도 두 개의 그룹이 생기는 거야. 그것을 '2단 분리'라고 말할 수 있어. 이 '2단 분리'는 부부, 친구, 애인, 가족 사이에서 자주 일어나. 물론 학교, 회사, 정치 세계에서도 반드시 일어나지. '현재를 바꾸려는 그룹'과 '지금의 체제를 유지하려는 그룹'으로 나뉘는 거야. 정치로 말하면 의회가 '보수파'와 '혁신파'로 나뉘는 것과 같아. '우파'와 '좌파'라고도 말할 수 있지. 그리고 모든 사람이 '무엇이 정답인지'를 두고 논쟁을 벌여. 이러한 식으로 어디를 가든지 현재를 유지하려는 사람과 혁신을 바라는 사람이 있는 거야."

"그러면 어떻게 하면 모두가 행복해질 수 있을까요?"

"양쪽 모두가 '둘 다 옳고', '둘 다 좋다'고 인정할 때 비로소 행복해질 수 있지. 그러면 보수파는 '혁신의 훌륭함'을 깨닫고, 혁신파는 '안정의 훌륭함'을 깨닫게 되지. 이렇게 진화해가면 좋겠지만, 사실 지금 시대는 양쪽 모두를 인정하기에는 조금 무리가 있어. 왜냐하면 대부분의 사람들은 '상대방 때문에 일이 잘 풀리지 않는다'며 서로를 헐뜯기 때문이야. 이건 매우 안타까운 일이지. 이렇게 양쪽 모두를 인정할 수 있을 정도로 인류가 성숙해지려면 아마 50년은 걸릴 거야."

"전 세계 사람들이 '둘 다 옳다'고 서로를 인정하게 된다면 전쟁도 사라지겠네요."

"바로 그거지! 대단해, 케이. 그건 정말 좋은 깨달음이야. 나도 오랜 기간 전쟁이 없는 세상을 지향했지. 나는 전 세계가 부탄을 통해 많은 것을 배워야 한다고 생각해."

방에 돌아와 나는 에미를 생각했다. 지금까지 나는 '성장'만을 생각했었다. 그것은 강박관념과 같은 것이었다. 좋은 대학, 좋은 회사. 공부를 많이 하지 않으면 뒤처질 거라고 생각했다.

그렇게 초조해하고 있는 나에게 에미는 "케이, 현재를 즐겨!"라고 말했다. 미래만 보는 나와 현재에 집중하는 그녀.

그런 대립 때문에 에미는 나에게 '이별'을 통보한 것일지도 몰랐다.

나는 '성장'만 생각하다가 정작 중요한 '현재의 행복, 현재의 즐거움, 현재의 진심'을 놓쳐버렸다.

그래서 나는 결국 소중한 것을 잃어버렸다.

· · ·

어느덧 부탄을 떠날 날이 다가왔다. 나는 혼자 산책을 하면서 지금까지의 일을 생각했다.

부탄에 와서는 마치 '시간이 멈춘 것'처럼 여유롭게 지낼 수 있었다.

나는 이 도시에서 '좋은 인간관계, 친절함, 행복의 열쇠'를 배웠다.

태국 방콕과 치앙마이에서 바로 일본으로 귀국했다면 나는 평범한 '젊은 기업가'가 되었을 것이다. 일본에서 '태국 레스토랑'을 열어 많은 체인점을 만든 후 '인생에서 성공했다'며 잘난체했을지도 모른다.

물론 그렇게 사업에 성공하는 것도 나쁜 것은 아니지만, 가게를 늘려 성공해도 '진짜 행복'은 얻지 못했을 것이다.

나는 부탄에 와서 '사소한 감정과 사소한 만남'에 대해 다시 생각할 수 있었다. 아침 햇살과 저녁노을을 바라보며 감상에 젖었고, 맛있는 물맛에 감동했다. 또한 사람들과 실없는 농담을 주고받으면서 크게 웃었다. 나는 그것으로도 충분히 행복했다.

그리고 이곳에서 나는 인간관계와 인생의 소중한 것을 배웠다.

'사람들과 즐겁게 어울리고, 나답게 있는 것.'

이것만 할 수 있으면 어떠한 일도 잘할 수 있을 듯했다.

나는 이제부터는 '진짜 소중한 것'을 중심으로 살기로 했다.

부탄은 행복에 대해서, 내 미래에 대해서 진지하게 생각하기에 매우 좋은 장소였다.

나는 부탄 사람들에게 신심으로 감사했다.

하지만 여기는 내가 오래 머물 곳이 아니었다. '성장만 바라보는 인생'을 살고 싶지는 않았지만, '계속 멈춰 있는 것'도 나답지 않았다.

슬슬 '다음 단계'로 가야 할 타이밍이었다.

내 안에서 '직감'이 그렇게 말했다.

일본으로 돌아간다면 '인연'을 소중하게 여기고 싶었다.

에미와도…….

에미에게는 몇 번 편지를 보냈다. 하지만 내가 일본으로 돌아간다면 에미는 나를 다시 만나줄까…….

아버지와도 진지하게 대화해보고 싶었다. 아버지는 숫기 없고 사람 사귀는 데 서툰 사람이지만, 사실은 항상 가족을 생각하고 있었을 것이다. 나는 '아버지의 아들'이니까 알 수 있다. 그리고 나도 사실 아버지와 똑같이 사람 사귀는 데 서툴다는 것을 깨닫게 됐다.

아버지와 이러한 이야기를 나누면서 친구처럼 편안한 관계를 맺고 싶었다.

할아버지에 대해, 우리 가족의 역사에 대해 나름대로 알게 된 지금 나는 아버지와 '깊은 유대감'을 느낄 수 있었다.

◆ ◆ ◆

귀국 날을 앞둔 어느 날.

나는 〈마지막 편지〉를 읽기 전에 풀파 씨와 대화하고 싶었다. 때마침 그때, 왕이 사는 건물을 보여주겠다며 그는 나를 어디론가 데려갔다.

그곳은 파로 공항에서 자동차로 15분 정도 걸리는 데 있었다. 절과 궁전을 섞어놓은 것 같은 장엄한 건물 앞에 국가 원수를 지키는 군인이 부동자세로 서 있었다. 그곳에는 해외에서 온 관광객들도 많았다.

처음 보는 건물인데도 '데자뷰'처럼 어디선가 본 적이 있는 느낌이 내 안에서 솟구쳤다.

풀파 씨와 건물을 견학하면서 나는 말을 꺼냈다.

"풀파 씨, 정말 신세 많이 졌습니다. 이제 슬슬 일본으로 돌아갈 때가 된 거 같아요."

"너에게는 너의 '운명'이 있어. 돌아갈 때라고 생각한다면 그렇게 하는 게 맞을 거야. 네가 떠날 생각을 하니 조금은 섭섭하지만 말이야."

"고맙습니다. 저는 '우연과 직감'을 따라 여행을 떠났어요. 그리고 이렇게 부탄까지 왔지만, 지금은 매우 이상한 느낌이 들어요. 어쩌면 이 여행은 처음부터 예정된 것일지도 모른다는 생각이 들거든요."

"그럴지도 모르고, 그렇지 않을지도 모르지. 네가 오타루, 교토, 고베, 방콕, 치앙마이, 그리고 부탄으로 오기까지 그 모든 과정 중에 하나라도 없었다면 어떻게 됐을 것 같니?"

"그러면 여기에는 오지 않았을 거예요. 만약 방콕에서 마이크와 만나지 않았다면 치앙마이에 가지 않았을 테고, 치앙마이에서 솜 차이 씨가 나를 찾지 못했다면 그분과도 만날 수 없었겠지요. 그리고 당연히 부탄에도 오지 못했을 거고요."

"맞아, 여행이 끝나면 비로소 알 수 있게 되지. 모든 것은 필연으로 일어난다는 것을 말이야. 또한 이 타이밍에 부탄에 온 것도 필연 때문일 거야. 네가 만약 취직이 결정된 후 졸업여행으로 부탄에 왔다면 어땠을까? 만약 그랬다면 지금과는 완전히 다른 여행이 됐겠지. 아마 나와도 만나지 못했을 거야."

"그랬을 거예요. 생각하는 것만으로도 조금 섬뜩하지만, 정말 그랬을 거예요. 그러니까 지금까지 일어난 모든 일은 필연이고, 또한 가장 좋은 타이밍에 일어났다는 뜻이죠?"

"맞아. 그리고 지금까지 그랬다면 앞으로의 인생도 그럴 거야. 앞으로 네 운명은 활짝 열릴 거다. 그렇게 믿어도 좋아."

"운명에 대해 질문해도 될까요? 방금 말씀하신 것처럼 내 운명이 정해져 있다면, 그러면 나에게 자유의사는 없는 건가요?"

"여기에 올 때 너는 자유의사로 결정하지 않았니?"

"네, 맞아요. 제가 스스로 생각하고 몇 번이나 선택하면서 여기까지 왔어요."

"그렇다면 확실히 자유의사가 있다는 뜻이지. 하지만 여기에 온 것도 필연일지도 모른다고 생각하는 거구나?"

"이렇게 이야기를 나누고 있으면 '이보다 더 좋은 선택지는 없었다'는 기분이 들어요."

"그렇구나. 어느 측면으로 보면 자신의 자유의사로 모든 것을 결정했다고 말할 수 있어. 하지만 나중에 뒤돌아보면 모든 것은 처음부터 예정된 것이라고도 말할 수 있지."

"무슨 말인지 잘 모르겠어요."

"내 나이가 되면 열심히 노력해서 스스로 운명을 개척했다고 믿었던 일도 '이미 정해진 운명'처럼 느껴질 때가 있단다. 나는 많은 사람들의 호의 덕분에 지금의 내가 있다고 생각해. 그리고 그 모든 만남은 하늘의 뜻일지도 모르지. 그 하늘의 뜻을 '신'이라고 부르는 사람도 있고, '운명'이라고 부르는 사람도 있어. 뭐, 어떻게 불러도 상관없을 거야. 어차피 의미는 다 똑같으니까 말이야. 그 하늘의 뜻 안에서도 자신의 운명은 스스로 개척해야 해. 따라서 너에게 자유의사가 전혀 없는 것도 아니지. 미래가 어떻게 될지는 백 퍼센트 네 결정에 달려 있는 거야."

"그렇게 말씀하시니까 왠지 가슴이 두근거려요."

"맞아. 앞으로 과학기술이 아무리 발전한다고 해도 운명의 여부는 한동안 그 누구도 검증하지 못할 거야. 이것은 '닭이 먼저냐, 달걀이 먼저냐'처럼 정답이 없는 이야기지. 그래서 '내 운명은 내가 결정한다'는 생각이 중요한 거야."

"하지만 이미 운명이 정해져 있다면 의욕이 나지 않는 게 사실이잖아요."

"맞아. 그러면 뭐든지 적당히 하려는 사람도 생기겠지. 하지만 인생을 재미있게 사는 사람들은 스스로 무언가를 하려고 해. 운명이 정해져 있든 정해져 있지 않든 자신이 하고 싶은 걸 하면서 사는 거지."

"결국 스스로 결정하라는 말씀이시군요."

"맞아, 조금 전에 말한 대로 해석하는 방법은 두 가지고, 그 모두가 정답이지. 그러니까 앞으로 무엇을 할 때 '자유의사를 갖고 주체적으로 행동할 때'와 '흘러가는 대로 몸을 맡길 때'를 구분해서 선택해보는 게 좋아. 분명 그 과정 속에서 '네 안의 정답'이 보일 거야."

"알겠습니다. 내가 정말 하고 싶은 게 무엇인지부터 생각해볼게요."

"나는 네가 훌륭한 인생을 보낼 거라고 확신한다."

그렇게 말하는 풀파 씨의 말은 자상함으로 가득했다.

풀파 씨와 함께하는 시간은 내 마음의 휴식처와 같았다. 어느

샌가 나도 부탄 사람들처럼 인생을 믿을 수 있게 됐다.

나는 내 인생이 반드시 훌륭해질 거라고 믿었다.

여기에 와서 나는 몸 전체가 편안해졌고, 표정도 매우 부드러워졌다. 욕실 거울에 비친 내 얼굴을 보고 그렇게 느낄 수 있었다.

부탄에 오기 전까지는 어딘지 긴장해서 표정이 어두웠지만, 지금은 항상 웃는 내가 있었다.

나는 이것만으로도 부탄 사람들에게 감사했다.

◆ ◆ ◆

이튿날, 나는 풀파 씨에게 산책을 하자고 제안했다.

할아버지의 인간관계에 대해 물어보고 싶었기 때문이다.

"풀파 씨, 저는 부탄으로 오는 비행기 안에서 할아버지의 편지를 읽었어요."

"뭐라고 쓰여 있었니?"

"인간관계가 행복의 열쇠라고 쓰여 있었어요. 하지만 정작 할아버지는 인간관계에 서툰 사람이었다고 했어요. 그래서 저에게 인간관계의 좋은 선생님을 찾으라고 했지요. 할아버지는 정말 인간관계가 서툴렀나요?"

"그렇지도 않았어. 다이조는 많은 사람들과 허물없이 사귄 만큼 친구도 많았지. 아마 가족관계는 조금 서툴렀을 거야. 어렸을 때 고아였던 트라우마가 심했거든. 하지만 친구들은 아주 많았고, 결혼생활도 좋았지. 다이조의 인간관계는 결코 불행하지 않았어. 물론 네 아버지와는 좋은 관계를 맺지 못했지만. 하지만 인간관계가 좋지 않은 부분은 딱 거기까지였어. 이를테면 네 할머니와는 사이가 매우 좋았단다. 누구나 부러워하는 연애 끝에 결혼한 이야기는 알고 있니?"

"네? 할아버지와 할머니가요? 전혀 믿어지지 않아요."

"그랬단다. 사람들은 대개 자신의 부모에게 젊은 시절이 있었다는 것을 상상하지 못하지. 조부모의 경우는 더욱더 그럴 거야. 다이조에게 인생을 함께하고 싶은 여성이 생겼다는 이야기를 듣고 나는 정말 기뻤어. 다이조 나름대로 행복을 발견한 거니까 말이야. 그러고 나서 다이조는 종종 나에게 '행복하다'는 편지를 보냈지. 그녀에게 프러포즈했을 때는 장미 백 송이를 줬다고도 했어. 그는 내가 아는 한 가장 은혜 받고 행복한 사람이야."

"그렇군요. 저희 할아버지를 그렇게 말씀해주시다니 손자로서 매우 감사해요."

"다이조는 나에게 이런저런 편지를 많이 보냈어. 아들이 태어났을 때도 나에게 편지를 보냈지. 그 아들이 네 아버지야. 네 아버지가 성적이 우수하고 좋은 학교에 들어간 것도 편지를 통해 알 수 있었어. 그러는 동안에 네 아버지가 결혼을 하게 됐지. 그리고 손주가 태어났고, 그 손주는 바로 너란다. 얼마 후 또 한 명의 손주가 태어났고, 그 손주는 네 여동생이지. 이런 식으로 그는 인생의 계절 계절마다 나에게 편지와 사진을 보내줬단다. 그래서 나는 얼굴도 본 적 없는 너와 네 동생에 대해 잘 알고 있었지."

"그렇군요, 할아버지는 예전부터 편지를 좋아하셨군요."

"아직도 다이조가 보낸 편지를 전부 간직하고 있으니까 나중에 한번 읽어보렴. 내가 부탄에서 농업 연구센터를 설립하고 싶다고 말했더니 방콕에 있는 숌 차이와 함께 돈을 모아 보내줬어. 나에게 있어서는 정말 깜짝 놀랄 만큼의 큰 금액이었지. 그 덕분에 멋진 건물을 지을 수 있었다. 그들의 우정도, 돈도 정말 고마웠단다. 정말 감동했어. 다이조 같은 사람이 있었기 때문에 부탄에서는 일본인에 대한 이미지가 매우 좋아졌지."

"그런 일이 있었군요."

할아버지의 두둑한 배짱이 자랑스러웠다. 나도 할아버지처럼 배짱이 큰 사람이 되고 싶다는 생각이 강하게 들었다.

풀파 씨는 골판지 상자 안에 가득 든 편지 다발을 가지고 왔다.

나는 골판지 상자에서 할아버지의 빛바랜 편지를 꺼내어 하나씩 읽어보았다. 편지에는 일에 대한 이야기는 한 줄도 쓰여 있지 않았다. '가족이 이랬다 저랬다' 하는 조금은 시시한 이야기가 중심이었다.

친구의 얼굴을 떠올리며 편지를 쓰는 것은 일에 지친 할아버지의 은밀한 즐거움이었을지도 모른다.

할아버지는 사회적으로 크게 성공한 사람이었다. 하지만 그런 할아버지도 가족을 걱정하고 많은 일에 마음 졸인 '평범한 사람'이었다.

감동에 젖어 편지를 읽고 있자 풀파 씨가 웃으며 나에게 다가왔다.

"케이, 찾았다! 이것을 찾았어!"

풀파 씨는 오래된 가죽 표지로 된 '앨범' 한 권을 나에게 건넸다.

할아버지가 보낸 사진들을 앨범에 정리해둔 것이었다. 풀파 씨의 꼼꼼한 성격을 다시 한번 느낄 수 있었다.

앨범 첫 장에는 젊은 남자 네 명이 카페에 앉아 있는 사진이 있었다. 전부 한껏 멋을 낸 모습이었다. 할아버지, 도쿠야마 씨, 솜 차이 씨, 풀파 씨 모두 젊고 에너지가 넘쳐 보였으며 희망에 가득 찬 미소를 띠고 있었다.

다음 페이지부터는 할아버지가 보내준 사진이 연대별로 붙어 있었다. 어디 외국에서 보낸 엽서도 있었고, 관광지에서 찍은 할아버지의 독사진도 있었다.

할아버지와 할머니의 결혼식 사진과 아버지의 어린 시절 사진도 가득 들어 있었다. 매해 찍은 가족 기념사진. 나와 여동생이 아기였을 때의 사진. 할머니를 포함해 가족 전체가 찍은 사진.

할아버지가 만면에 웃음을 띠고 어린 나와 여동생을 안고 있는 사진도 있었다.

젊은 아버지와 어머니도 매우 즐거운 듯이 웃고 있었다.

이것은 나에게 충격이었다. 하지만 내가 알지 못할 뿐, 이 사진에서처럼 우리 가족에게도 행복한 순간은 많이 있었을 것이다.

'사토 집안의 60년 역사가 함축된 앨범'을 보고 있자니 나도 모르게 눈물이 흘러내리기 시작했다.

할아버지는 불행하고 불쌍한 사람이 아니었다. 젊었을 때부터 줄곧 꿈꿔오던 '행복한 가정'을 만들고, 나름대로 행복을 찾았었다.

완벽하지는 않았지만, 할아버지는 충분히 행복한 인생을 살았던 것이다.

그리고 나 또한 할아버지의 행복에 한몫을 했다.

눈물이 멈추지 않고 주룩주룩 흘러내렸다. 그것은 기쁨의 눈물이었다.

나는 오해하고 있었다. '우리 가족은 전부 불행하다'고 멋대로 생각해왔다. 그런데 우리에게도 가족 모두가 행복하던 때가 있었다.

할아버지와 아버지는 표면적으로는 사이가 나빠 보였지만, 이제 와서 보니 그런 건 아무래도 상관없는 거였다.

왜냐하면 그 안에는 '사랑'이 있었기 때문이다. **나에게는 보**

이지 않았지만 우리 가족에게도 '사랑'은 확실히 존재했다. 나는 이제야 그것을 깨달았다.

풀파 씨는 기쁨의 눈물로 흔들리는 내 어깨를 부드럽게 감싸 안았다.

◆ ◆ ◆

내가 부탄을 떠나기 전날에는 때마침 마을 '수확제'가 열렸다.

내가 아는 모든 사람들이 모였다.

드디어 일본으로 떠날 때가 다가왔다.

부탄 사람들의 순박한 웃음이 빛나 보였다.

얼마 전까지만 해도 나는 부탄의 훌륭함을 알지 못했다.

'이 나라 사람들은 성장을 거부하는 것' 같다고 생각했었다.

하지만 그 생각은 완전한 착각이었다.

지금은 부탄 사람들의 훌륭함과 순박함 그리고 행복을 잘 알 수 있게 됐다.

'인생을 신뢰하는 방법, 사람과 유대관계를 쌓는 방법'을 알았기 때문이다.

인생은 무언가를 달성하거나 얻는 것으로 행복해지지 않는다. '지금의 나를 인정하는 것'으로 행복해진다.

나는 지금 그 사실을 알게 됐다.

오타루로 시작해 부탄까지 온 이 수개월 동안 나는 정말 많은 것을 배웠다. 그 배움을 잊지 않기 위해 나는 '공책'을 꺼내 하나씩 하나씩 써 내려갔다.

◆ 우연으로 일어나는 일은 없고, 우연으로 만나는 사람도 없다.

◆ 모든 것에는 의미가 있고, 그것은 나를 행복하게 만들어주기 위해 일어난다.

◆ 결단을 내린 순간 미래는 탄생한다.

◆ 최고의 미래는 항상 더 높은 차원에 있다.

◆ 직감은 '지혜'고, 나를 행복으로 이끄는 내비게이션이다.

◆ 내 몸과 내 마음은 나에게 가장 중요한 게 무엇인지 잘 알고 있다.

◆ 결정한 미래는 '행동'해야 가까워진다.

◆ 돈에 방해받지 않는 인생을 살자.

◆ 누군가를 행복하게 해줄 때마다 내 그릇이 커지고, 돈에서 자유로워진다.

◆ 일의 기쁨은 관계자 전원을 행복하게 만들어주는 것이다.

◆ 세상은 우리의 재능이 꽃피길 기다리고 있다.

◆ 성공을 위한 유일한 방법은 실패해도 계속 도전하는 것이다.

◆ 나에게 주어진 생명을 의미 있게 쓰자.

◆ 진짜 행복은 '인간관계'에서 얻어진다.

◆ 내가 먼저 주면서 '내면이 충실한 사람'이 되자.

◆ '둘 다 좋다'고 생각하고, 서로를 인정하자.

◆ 운명이 정해져 있든 정해져 있지 않든 내가 좋아하는 것을 하자.

　직접 공책에 적어보니, 나는 셀 수 없을 정도로 많은 것을 배웠다는 사실을 새삼 깨달았다.

　나는 아직 이 가르침을 다 소화하지는 못했지만, 이것은 하루아침에 머리로 이해하는 배움이 아니라 '평생 동안 경험을 통해 몸에 익히는 지혜'라고 생각했다.

　오후 늦게 시작된 파티는 음악과 춤으로 이어졌다.

　모두 즐거운 듯이 웃고 있었다.

　이 사람들과 만난 것은 내 '평생의 재산'이 될 것이다.

　저녁이 되자 나는 지금이 〈마지막 편지〉를 읽을 타이밍이라는 생각이 들었다.

　나는 사람들 틈에서 빠져나와 언덕 위로 올라갔다.

　산이 내려다보이는 언덕에서 할아버지의 〈마지막 편지〉 봉투를 열었다.

　이것이 〈마지막 편지〉다.

　그렇게 생각하자 긴장감에 손이 떨렸다.

　나는 심호흡을 크게 하고 〈마지막 편지〉를 읽기 시작했다.

Part 09

아홉 번째
편지:
운명 Destiny

　벌써 〈마지막 편지〉에 도착했구나. 여기까지 읽어줘서 고맙다.

　너는 지금 어디서 이 편지를 읽고 있니?

　〈마지막 편지〉를 읽기 전까지 너는 '운명'에 대해 많이 생각했을 거다.

　내 예상으로는 너는 세계 각국을 돌아다니다 뉴욕, 파리, 방콕, 부탄 중 한 곳에서 이 편지를 읽고 있을 것 같은데, 맞니?

　여하튼 나는 진심으로 고맙구나. 그리고 너에게 '축하한다'고도 말하고 싶구나.

　네 '직감'을 믿고 여기까지 와줬으니 말이다.

　그리고 내 편지를 끝까지 다 읽어줘서 정말 고맙다.

가끔은 너 자신을 믿지 못하거나, 여행이 싫어질 때도 있었을 것이다.

그리고 돈을 도둑맞거나 몸을 다쳤을지도 모르겠구나(그런 일이 일어나지 않길 바라지만, 그것도 모험의 일부라고 할 수 있지).

어쨌든 지금 너는 〈마지막 편지〉에 도착했다.

여행을 끝내보니 지금까지의 모든 과정이 '필연'처럼 느껴지지는 않니?

어디서 무엇을 하고 누구를 만났는지 세세하게 기억하지는 못해도, 뒤돌아보면 '전부 필연'처럼 느껴질 때가 있을 거란다.

너도 이 '운명의 신비한 힘'을 느꼈으면 한다.

'운명'과 비슷한 말로 '숙명'이라는 것이 있다. 이 두 가지 말은 서로 비슷해 보이지만, 사실은 전혀 다른 의미를 가지고 있단다.

◆ 숙명: 머무는 명. 내가 태어났을 때 결정되는 것.
◆ 운명: 움직이는 명. 어떻게 살아갈지 내가 스스로 결정하는 것.

'모든 것은 숙명으로, 내 자유의사가 없다'고 말하는 사람도 있지만, 나는 그렇게 생각하지 않는다.

누구에게나 선택지는 있고, 그 선택지를 고를 '자유의사'도 있기 때문이지.

그러나 동시에 사람은 숙명의 힘에 영향을 받기도 해. 그 사실을 꼭 기억하렴.

내가 어떤 힘에 영향을 받고 있는지 모르면 사람은 숙명에 '지배'된단다.

그러니 네 안에는 네가 어찌할 수 없는 '숙명의 힘'이 있다는 걸 명심하길 바란다.

인생에는 아무리 앞으로 나아가려고 해도 모든 것을 '제자리로 되돌려놓는 힘'이 움직일 때가 있어. 또한 재난, 사고, 질병처럼 '나와 직접적으로 관계없는 힘'이 움직일 때도 있지.

승승장구하던 회사에 갑자기 불이 나 사업이 망했다는 이야기는 너도 들어본 적이 있을 거다. 이런 경우가 바로 '나와 직접적으로 관계없는 힘'이 움직인 예라고 할 수 있지.

그럴 때는 '숙명과 운명의 갈림길', 즉 분기점에 있다고 생각하는 게 좋아.

이렇게 갑자기 모든 것을 잃게 되면 의기소침해지거나 이제 끝이라며 절망할지도 모르지만, 반대로 발명왕 에디슨처럼 반응할 수도 있단다.

에디슨은 자신의 공장에 화재가 났을 때조차도 침착한 모습을 유지하며 '좋은 설비를 갖출 좋은 기회'라고 말했지.[14] 그는 정말 '그릇'이 큰 사람이야.

혹시 헬렌 켈러를 알고 있니?

그녀는 어렸을 때 고열로 '시각', '청각', '언어'를 잃었지만, 가정교사인 앤 설리번의 도움으로 미국 명문대학을 졸업하고 장애인 교육과 복지에 힘쓴 '기적적인 인물'이란다.

이것은 내 생각이지만, 헬렌 켈러가 '시각', '청각', '언어'를 잃은 것은 어떤 의미로 말하면 '숙명'이었을지도 몰라.

하지만 그녀는 그 속에서 자신의 운명을 선택했지.

그녀는 '나는 내 장애에 감사한다. 이 장애를 통해 나를 발견했고, 평생의 일을 찾았고, 신을 봤기 때문이다.'라는 말을 남겼단다.[15]

그녀처럼 인생의 틀을 깨고 자신의 길을 개척하는 사람은 많이 있어. 즉 그들은 '자신의 숙명을 안 후에 스스로 운명을 선택'한 거지.

하지만 그렇게 하기 위해서는 독특한 '감각'이 필요해.

이를테면 '나쁜 일이 일어날 때마다 부정적인 요소가 하나씩 줄어든다'고 생각하는 감각이란다.

예를 들면 죽을 만큼 힘든 일이 일어났을 때 '앞으로는 좋은 일만 일어날 거다' 하고 머릿속으로 생각하는 거지.

물론 쉽게 할 수 없는 생각이라는 것은 나도 경험해봤으니까 잘 알아. 하지만 그렇게 하면 '내 숙명에 농락당하지 않는 삶'을 살 수 있단다.

네가 꼭 알았으면 하는 게 있구나.

숙명과 운명의 경계선은 네가 끌어당길 수 있다.

네가 그 경계선을 어디에 두든 그것이 정답이란다.

연애, 돈, 건강, 일에 문제가 생겨 모든 것을 던져버리고 싶을 때는 이 〈편지〉를 꺼내 다시 한번 읽어보렴.

그때가 네 숙명과 운명의 갈림길일 테니까 말이다.

숙명과 운명의 갈림길에 서 있을 때는 정신적으로 매우 지치게 될 거야. 어쩌면 자포자기하고 싶어질지도 모르지.

하지만 그럴 때일수록 포기하지 말고 새 출발을 해야 해.

우리는 매 순간 최고의 미래를 살아갈 선택을 할 수 있단다.

너는 꼭 스스로 운명을 개척하는 사람이 되었으면 하는구나.

내가 팔십이 조금 넘은 인생을 살면서 깨달은 게 하나 있다.

'사람은 바뀐다, 하지만 좀처럼 바뀌지 않는다'는 사실이야.

이것은 내가 지금까지 살면서 내린 인생의 결론이란다.

사람의 '본성'은 쉽게 바뀌지 않아.

어렸을 때 겁쟁이에 거짓말쟁이였던 소년이 어른이 돼서 정직해지는 경우는 거의 없어. 반대로 친절하고 다정다감했던 소녀가 난폭한 여성으로 변하는 경우도 거의 없지.

하지만 '그래도 바뀌는 것'이 사람이야. 그것이 바로 인생의 묘미지.

만약 운명을 바꾸는 방법을 알고 싶다면 그때는 '숙명'과 '운명'이라는 시각으로 다른 사람을 관찰하면 좋을 거야. 그 시각을 통해 바뀌는 사람과 바뀌지 않는 사람의 차이를 발견하는 거지. 그 발견은 네 인생에 많은 도움이 될 게다.

너도 알다시피 나는 평생 '가족관계'에 서툴렀단다.

어렸을 때부터 가족의 사랑을 모르고 자란 탓이었는지도 모르지.

네 아버지와도, 너와도 조금 더 많은 대화를 나누었으면 좋았을 테지만, 그렇게 할 수 없었지.

사실 나는 너희와 '마주할 용기'가 없었단다. 그 용기만 있었다면 너희와 즐거운 시간을 가졌을 텐데. 지금은 많이 후회하고 있단다.

어렸을 때 고아였다는 콤플렉스가 아들과의 골을 깊게 만들었지.

그것이 나의 한계였다고 생각한다.

나는 네 아버지에게도 '편지'를 남겼단다.

지금은 네 아버지가 나를 조금이라도 이해해주고 용서해주길 바라는 마음뿐이야.

가능하다면 너도 네 아버지와 많은 대화를 나눠보렴. 네 아버지도 너와의 서먹한 관계 때문에 고민하고 있을 거란다.

그렇게 보이지 않을지도 모르지만, 아들과 관계가 서먹하다는 것은 아버지로서 매우 큰 괴로움이지.

내 인생과 내 편지를 화제로 둘이 대화를 나누면 정말 좋겠구나.

너와 내 아들을 화해시키는 것이 내 마지막 선물이란다.

시간이 걸리더라도 둘이 꼭 화해하길 바란다.

그리고 꼭 충실한 인생을 살길 바란다.

내가 바라는 것은 단 하나야.

'너희들의 행복'뿐이지.

우리에게는 인생을 바꿀 선택지가 매일 주어진단다.

그러니까 네 의사로 '운명'을 선택하길 바란다.

'숙명'의 힘에서 벗어나 네 인생을 개척해보렴.

매일을 즐겁게 살고, 네 꿈을 좇으렴.

인생은 즐기기 위해 있는 거란다.

인생을 즐기기 위해서는 직감적으로 행동하고, 인생이 주는 모든 것을 받아들여야 해.

그렇게 할 수 있다면 분명 재밌는 인생을 살 수 있을 거야.

물론 나는 후회하는 일도 많이 있지만, 정말 유쾌한 인생을 살아왔다고 자부한단다.

그 경험을 통해 내가 장담할 수 있는 게 있어.

인생의 목적은 나답게 살고, 사람과 좋은 관계를 맺는 거란다.

마지막으로 너에게 부탁이 있다.

〈아홉 번째 편지〉까지 다 읽고 난 후, 네가 좋은 타이밍이라고 생각될 때 이 편지를 네 여동생에게 건네주렴.

그리고 이번 여행에 대해서도 언젠가 너희 둘이 꼭 대화를 나눠보렴.

내 손주들이 훌륭한 인생을 살길 하늘에서 기도하마.

너는 꼭 많이 사랑하고, 많이 사랑받는 사람이 되길 바란다.

마지막으로 내가 하지 못했던 말을 이 편지에 적겠다.

"너희를 정말 많이 사랑했다."

못난 나를 용서하길 바란다.

앞으로의 인생에 행복과 기쁨이 가득하길 바라며.

편지를 다 읽고 난 후 나는 잠시 멍하니 있었다. 할아버지의 편지도 이것으로 끝이었다. 하지만 이상하게 쓸쓸하지는 않았다. 눈물도 나오지 않았다. 오히려 상쾌한 기분이 들었다.

왜냐하면 할아버지에게 이어받은 '생명의 에너지'가 지금 내 손에 있기 때문이다.

'이 세상을 보다 좋게 만들어서 다음 세대에 넘겨주자.'

인류의 지혜는 다음 세대로 전해지면서 진화해간다. 그것은 눈에 보이지는 않지만, 할아버지에게서 아버지에게로 그리고 나에게로…… 확실히 '이어지고' 있었다.

나는 수개월 동안 여행을 하면서 만난 사람들의 얼굴을 떠올렸다.

그 사람들 중 한 명이라도 만나지 못했다면 나는 지금 여기에 없을 것이다.

그들 덕분에 지금의 내가 있다. 그렇게 생각하자 가슴 깊은 곳에서 감사한 마음이 솟구쳤다.

역시 인생이란 사람과의 만남이 중요하다.

부자가 되거나 사회적으로 성공하는 것이 '인생의 목적'이 아니다.

인생을 바꿔주는 것은 언제나 '사람'이다.

아래를 내려다보자 사람들이 손을 흔들면서 언덕 위로 올라오고 있었다.

파티의 주인공인 나를 찾아 여기까지 온 것 같았다.

나도 그들에게 손을 흔들었다.

멀리서 부탄의 전통음악 소리가 들려왔다. 사람들이 춤을 추고 있는 듯했다.

자, 나도 가볼까.

오늘은 길고 긴 밤이 될 것 같았다.

내일은 일본으로 떠나는 날이다.

멀리 떨어진 산 저편에서 부탄의 석양이 빛나고 있었다.

맺으며

이 '이야기'를 마지막까지 읽어준 독자 여러분께 감사의 인사를 전하고 싶다.

'우연과 직감'을 따라 '인생의 진실'을 발견하는 여행은 어땠는가?

어쩌면 당신도 여행을 떠나고 싶었을지도 모른다. 또는 인생을 조금 더 충실하게 살자고 다짐했을지도 모른다.

만약 전자라면 반드시 여행을 떠나길 바란다. 평소와 다른 것을 하면 '인생의 리듬'이 바뀌기 때문이다.

당일치기 여행도 좋지만, 나는 가능한 한 멀리 떠나는 여행을 추천한다.

내가 이전에 어느 책에 쓴 이야기지만, '운명을 바꾸는 방법 중의 하나는 내 안에 마찰을 만드는 것'이다.

멀리 여행을 가면 평소에 쓰지 않던 회로가 열린다.

'우연을 쫓는 여행'은 우리의 인생을 훌륭하게 만들어줄 것이다.

나도 이 책을 쓰기 시작하면서 '자아찾기 여행'을 떠났다.

때마침 '영어로 책을 쓰자'고 결심한 터라 사전 협의 겸 세계 여행을 떠났다.

미국, 멕시코, 중국, 유럽, 태국, 베트남, 부탄.

전 세계 카페에서 이 책을 썼다.

어느 날은 스위스의 취리히에서, 또 어느 날은 중국의 광저우와 상하이에서, 어느 날은 태국의 방콕과 치앙마이, 그리고 베트남의 하노이와 부탄의 파로 호텔에서도.

문자 그대로 세계를 돌아다니면서 집필했다.

그러는 동안 내 꿈이었던 뉴욕의 일류 출판사인 '사이먼 앤드 슈스터(Simon & Schuster)'와 공식 '출판 계약'을 맺게 됐다.

동시에 거짓말처럼 전 세계 출판사들이 그 '영어로 쓴 책'을 출간하고 싶다며 나에게 연락해왔다.

아직 계약 단계에 있지만 영국, 이탈리아, 네덜란드, 스페인 등의 유럽과 멕시코, 코스타리카, 브라질 등의 중남미, 그리고 한국, 중국, 일본, 태국 등 아시아와 호주, 뉴질랜드 등 세계 25개국 이상에서 내 책이 출간될 예정이다.

이 책의 '이야기'에는 '많은 지식인들의 가르침'과 '나의 지혜'가 담겨 있다.

'우연과 직감'을 따라 행동하라. 행동하지 않으면 미래는 바뀌지 않는다. 이것은 분명 우리의 인생에 많은 도움이 되는 이야기라고 생각한다.

이 책에 쓴 것처럼 결단을 내린 순간 미래는 가까워진다.

그러니 아무리 작은 것이라도 꼭 결단을 내려보길 바란다.

무언가 가슴 뛰는 일을 하자고 결심하면 우리가 상상하지 못한 일이 일어날 것이다. 그러면 우리는 분명 그 변화에 놀랄 것이다.

이처럼 감성을 길러 '우연과 직감'을 따라간다면 우리의 인생은 놀라울 정도로 재밌어질 것이다.

즐거운 인생을 위해 쓰는 돈과 에너지를 아까워하지 않길 바란다. 그 돈과 에너지를 웃도는 설렘이 우리의 인생을 반드시 훌륭하게 만들어주기 때문이다.

만약 현재의 생활이 너무 답답하다면, 지금이 바로 '움직일 타이밍'일지도 모른다.

앞에서도 말했지만 '여행'이라는 것은 인생을 움직이는 가장 쉬운 방법 중의 하나다.

또한 평소에 하지 못했던 것을 해보는 것도 좋은 방법이다.

평소와 다른 것을 하면 변화가 일어나기 시작한다. 그러는 동안 뭔가 이유도 없이 가슴이 두근거린다면 성공한 것이다.

그 두근거림을 따라 앞으로 나아가보자.

분명 그곳에서 우리의 '모험담'이 시작될 것이다.

이 책에서도 말했듯이 인생을 바꿔주는 것은 언제나 '사람'이다.

우리의 인생을 바꿔주는 '훌륭한 사람'을 만나길 바란다. 만약 그런 사람을 만난다면 같이 길을 걸어가도 좋을 것이다.

도중에 힘들고 어려운 일이 있을지도 모르지만, '그것도 인생이다' 생각하면 나중에 '좋은 추억'이 된다.

우리의 인생에 시동을 걸고, 후회 없는 시간을 보내보자.

나는 당신을 진심으로 응원하겠다.

이 책에도 언급했듯이 일상에서 일어나는 '싱크로니시티'를 따라가 보길 바란다.

그러면 '운명의 여신'은 우리에게 재밌는 선물을 많이 줄 것이다.

마지막으로, 이 책의 집필에 도움을 준 편집 담당자, 다이아몬드사의 이누마 가즈히로에게는 방콕, 치앙마이, 부탄에 동행

해준 것을 포함해 많은 신세를 졌다. 이번 기회에 감사의 말을
전하고 싶다.

하와이 오아후 섬에서

혼다 켄

참고자료 & 인용

1 rockin'on.com, "롤링 스톤스의 믹과 키스가 10대 때 재회한 역이 역사적 장소로 지정됐다", 2013년 12월 7일
https://rockinon.com/news/detail/94056 ©MME.COM/
IPC Media 2013

2 닐 바스컴, 마쓰모토 쓰요시 옮김, 《퍼펙트 마일》, 소니매거진, 2004
도쿄신문, "육상선수의 승부 뇌, 제5회 니시코리처럼 자기 이미지를 바꿔서 성과를 올리자", 2015년 11월 20일
고다마 미쓰오 집필, 도쿄 상공회의소, http://www.tokyo-cci.or.jp, 2016년 6월 7일
http://www.tokyo-cci.or.jp/page.jsp?id=74280

3 일본경제신문 전자판, "「배고프게 살고, 어리석게 살아라」 스티브 잡스 미국 스탠퍼드 대학 졸업식 연설문", 2005년 6월
http://www.nikkei.com/article/DGXZZO35455660

4 고다마 가즈코, 《나이팅게일》, 시미즈서원, 2015

후지야마 미에루, 《학습만화 세계 위인전 ④의료·교육을 만든 사람들》, 초분샤, 2010

5 루소, 곤노 가즈오 옮김, 《에밀 〈상〉》, 이와나미서점, 1962

6 가나모리 시게나리, 《세계 명언 100선》, PHP연구소, 2007

7 존 맥스웰, 전형철 옮김, 《리더의 조건》, 비즈니스북스, 2012

존 D. 록펠러, 이지은 옮김, 《록펠러의 부자가 되는 지혜》, 에이케이커뮤니케이션즈, 2017

8 찰리 채플린 감독·주연, 〈라임라이트〉, 1989

9 혼다 소이치로, 이수진 옮김, 《좋아하는 일에 미쳐라》, 부표, 2006

10 데즈카 에쓰코, 《남편, 데즈카 오사무와 함께》, 고단샤, 1995

데즈카 오사무, 《데즈카 오사무 에세이집 〈6〉》, 고단샤,

1997

Tezuka Osamu Official, "데즈카 오사무 이야기", 2018년 2월
http://tezukaosamu.net/jp/about/story.html

11 토마스 밥, 다마키 에쓰코 · 노도지 마사코 옮김,《월트 디즈
니의 창조와 모험의 생애》, 고단샤, 2010

12 로버트 월딩거, www.ted.com, "무엇이 인생을 행복하게 만
들어줄까? 장기간에 걸친 행복의 연구" 2015년 11월
http://www.ted.com/talks/robert_what_makes_a_good_
life_lessons_from_the_longest_study_on_happiness

13 데일 카네기, 강성복 · 정택진 옮김,《데일 카네기 인간관계
론》, 리베르, 2011

14 일본경제신문 전자판,〈춘추〉, 2015년 9월 17일
http://www.nikei.com/article/DGXKZO91429100X00C
15A9MM8000/

15 헬렌 켈러, 김명신 옮김,《헬렌 켈러 자서전》, 문예출판사,
2009

◆ 세이토샤 편집부, 《반드시 만날 수 있다! 인생을 바꾸는 말 2000》, 세이토샤, 2014

◆ 아르투르 쇼펜하우어, 박현석 옮김, 《쇼펜하우어 인생론》, 나래북, 2010

◆ 아르투르 쇼펜하우어, 홍성광 옮김, 《쇼펜하우어의 행복론과 인생론》, 을유문화사, 2013

부
자
가

보
낸

편
지

초판 1쇄 인쇄 2019년 3월 27일
초판 1쇄 발행 2019년 4월 3일

지은이   혼다 켄
옮긴이   권혜미
펴낸이   이희철
기획편집   김정연
마케팅   임종호
북디자인   디자인홍시
펴낸곳   책이있는풍경

등록   제313-2004-00243호(2004년 10월 19일)
주소   서울시 마포구 월드컵로31길 62(망원동, 1층)
전화   02-394-7830(대)
팩스   02-394-7832
이메일   chekpoong@naver.com
홈페이지   www.chaekpung.com

ISBN   979-11-88041-23-7   03190

이 도서의 국립중앙도서관 출판시도서목록(CIP)은 서지정보유통지원시스템 홈페이지
(http://seoji.nl.go.kr)와 국가자료공동목록시스템(http://www.nl.go.kr/kolisnet)
에서 이용하실 수 있습니다. (CIP제어번호 : CIP2019007967)